Nicole Joiner ~ Dagmar Rücker

Knüllen, falten, schneiden, färben

Kunterbunte Ideenkiste für Kinder von 3–8 Jahren

Kinderleichte Materialwerkstatt Papier

Ökotopia Verlag, Münster

Impressum

Autorinnen	Nicole Joiner ~ Dagmar Rücker
Covergestaltung	Kerstin Heinlein
Fotos	Nicole Joiner ~ Dagmar Rücker
Layout	Felix Weigner
Satz	Hain-Team, Bad Zwischenahn
ISBN	978-3-86702-116-6

2. Auflage 2011
© 2010 Ökotopia Verlag, Münster

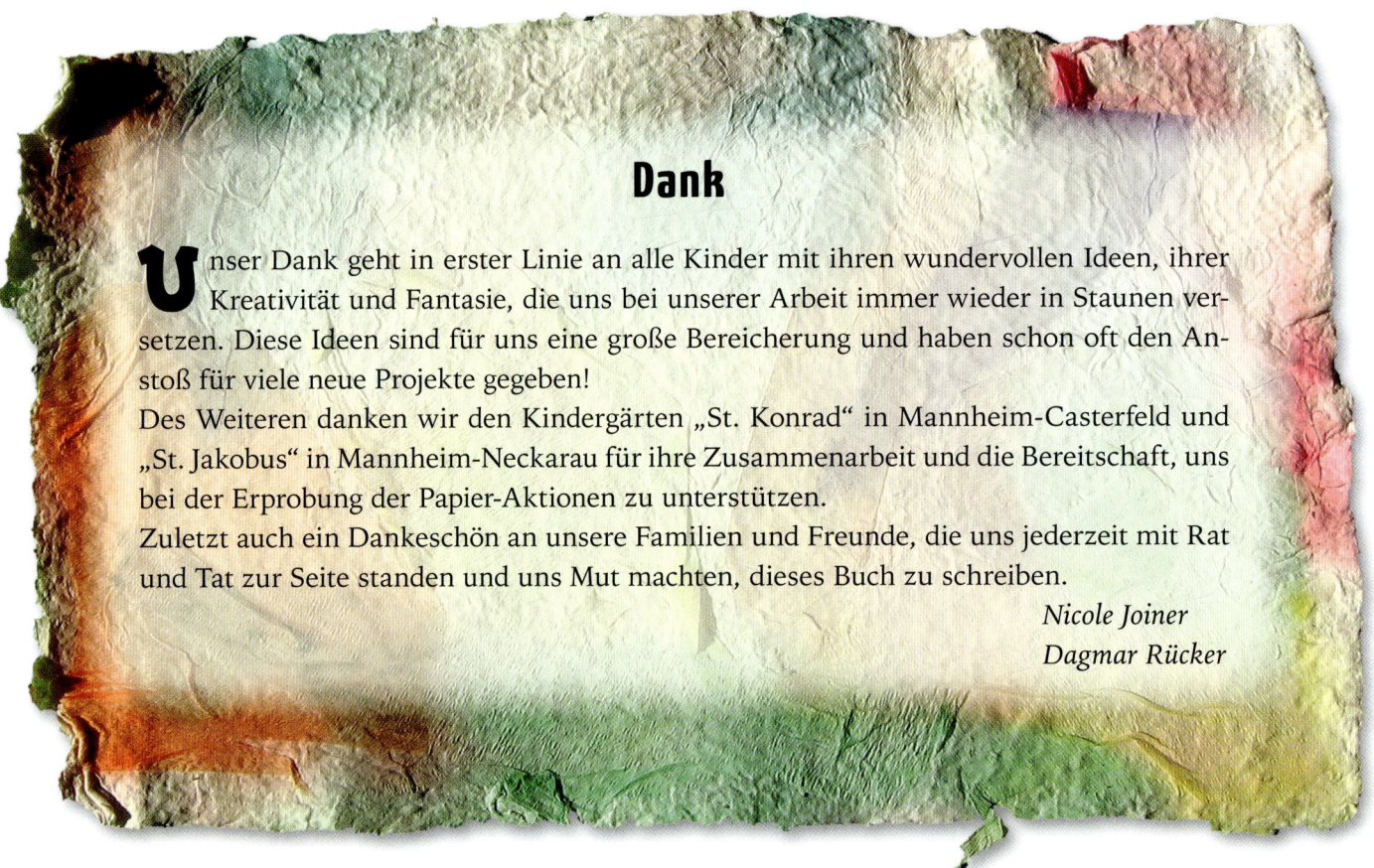

Dank

Unser Dank geht in erster Linie an alle Kinder mit ihren wundervollen Ideen, ihrer Kreativität und Fantasie, die uns bei unserer Arbeit immer wieder in Staunen versetzen. Diese Ideen sind für uns eine große Bereicherung und haben schon oft den Anstoß für viele neue Projekte gegeben!

Des Weiteren danken wir den Kindergärten „St. Konrad" in Mannheim-Casterfeld und „St. Jakobus" in Mannheim-Neckarau für ihre Zusammenarbeit und die Bereitschaft, uns bei der Erprobung der Papier-Aktionen zu unterstützen.

Zuletzt auch ein Dankeschön an unsere Familien und Freunde, die uns jederzeit mit Rat und Tat zur Seite standen und uns Mut machten, dieses Buch zu schreiben.

Nicole Joiner
Dagmar Rücker

Inhalt

Willkommen in der Papier-Werkstatt! 4

Papier: mehr als zwei Seiten 6
    Eine lange Geschichte 6
    Materialvielfalt von A–Z 8
    Grundausstattung für die Praxis 12

Papier mit allen Sinnen erleben 14

Kleistern, matschen & formen 21
    • *Kaschieren* 27
    • *Pappmaschee* 33

Knautschen & wickeln 37

Reißen, schneiden & kleben 45
    • *Papier-Collage* 46
    • *Scherenschnitt* 58

Falten & weben 60
    • *Origami* 63
    • *Weben* 66

Stechen & fädeln 70
    • *Prickeln* 71

Stecken & bauen 76

Schöpfen, prägen & binden 86
    • *Papier-Schöpfen* 86
    • *Prägen* 89
    • *Buchbinden* 90

Färben & bemalen 96
    • *Färben* 96
    • *Enkaustik* 101
    • *Drucken* 104

Spiele aus Papier & Pappe 107

Großformatige Projekte 113

Anhang 125
    Register 125
    Literatur 127
    Die Autorinnen 127

Willkommen in der Papier-Werkstatt!

„Als Kind ist jeder ein Künstler. Die Schwierigkeit besteht darin, als Erwachsener einer zu bleiben."
Pablo Picasso

Kinder erleben ihre Welt spielerisch und voller Neugier. Sie experimentieren täglich mit Dingen, die sie in ihrer Umwelt finden, und entdecken, wie sie damit kreativ arbeiten können. Ihre Fantasie und Begeisterungsfähigkeit sind grenzenlos.

Die **Reihe „Kinderleichte Materialwerkstatt"** möchte aufzeigen, wie diese Experimentierfreude genutzt und gefördert werden kann, um unterschiedliche Materialien in all ihrer Vielfalt und mit allen Sinnen zu erleben. Dies schließt den Umgang mit vielfältigen Techniken ein, mit denen ein Werkstoff bearbeitet werden kann. Hilfreiche Basisinformationen und Praxistipps erleichtern dabei die Umsetzung der Aktionen.

Die Bücher sind sowohl für **ErzieherInnen und LehrerInnen im Vor- und Grundschulbereich** als auch für **engagierte Eltern** geeignet, um mit **Kindern von 3–8 Jahren** mit viel Spaß kreativ zu arbeiten.

In „Knüllen, falten, schneiden, färben" stellen wir eine Vielzahl von Aktionen und Angeboten vor, die die Fantasie der Kinder anregen, **frei und schöpferisch mit den Materialien Papier und Pappe** umzugehen. Die daraus entstehenden Werke sind Zeugnisse einer Entwicklung, die jedes Kind individuell beim künstlerischen Gestalten macht, um am Ende eigene schöpferische Ideen selbstständig umsetzen zu können. Die begleitenden Erwachsenen stellen ihnen dazu den Raum, das Material und genügend Zeit zur Verfügung. Darüber hinaus geben sie Anstöße für verschiedene Bearbeitungsmöglichkeiten, sind aber im laufenden Prozess nur als Ansprechpartner präsent. Sie brauchen selbst keine Anregungen zur konkreten Umsetzung einzubringen, sondern können vollkommen auf den Ideenreichtum der Kinder vertrauen.

Im vorliegenden Buch stellen wir **verschiedene Formen von Praxisangeboten** vor: z. B. Aktionen, die ohne konkrete Aufgabenstellung auskommen und kein bestimmtes Ergebnis zum Ziel haben. Damit wollen wir die Sinne der Kinder ansprechen, da uns die Sensibilisierung für die Eigenschaften und Beschaffenheit des Materials an sich wichtig ist. Die Kinder sollen Papier und Pappe mit all ihren Sinnen wahrnehmen, entdecken und sich mit viel Vergnügen auf das Material einlassen. **Experimentelle Aktionen** begrenzen die Kreativität der Kinder nicht – im Gegenteil, sie eröffnen diesen einen großen Spielraum, schöpferisch tätig zu sein. Darüber hinaus stellen wir Angebote vor, denen eine **konkrete Aufgabenstellung** zugrunde liegt. Bei diesen Aktionen wird der Umgang mit den Materialien Papier und Pappe weiter vertieft. Dabei lernen die Kinder, sich auf Vorschläge oder Aufgaben einzustellen und die Fertigkeiten aus den Experimentierphasen anzuwenden. Auch die konkreten Aufgaben lassen den Kindern jedoch immer viel Spielraum für die individuelle Ausgestaltung.

Um einzelne Angebote lebhafter zu gestalten, arbeiten wir gerne **Impulse wie Geschichten, Gedichte oder Sachinfos** zu bestimmten KünstlerInnen und Themen ein. Diese ermöglichen einen erweiterten und manchmal auch poetischen Blick auf die Auseinandersetzung mit einem Thema.

In vielen Angeboten geht es um die Beschäftigung mit verschiedenen **Techniken** wie Pappmaschee, Prickeln oder Schöpfen. Diese bieten reichhaltige Möglichkeiten, um sich dem Werkstoff Papier immer wieder neu zu nähern. Die Kinder eignen sich hier ganz nebenbei über das aktive Tun auch Hintergrundwissen über Kulturtechniken an und verfeinern z. B. ihre feinmotorischen Fähigkeiten.

Abschließend bieten wir **großformatige Projekte** an. Im Mittelpunkt stehen vor allem Aktionen, die nicht allein umgesetzt werden können. Hier ist Kooperation gefragt: Die Kinder bringen ihre Ideen konstruktiv ein, gehen aufeinander ein und gestalten gemeinsame Werke, in denen sich alle kleinen KünstlerInnen wiederfinden. Darüber hinaus gibt es Projekte, die auch über größere DIN-Normen hinausgehen und viel Raum brauchen, z. B. riesige Pappsäulen-Aufsteller, Verpackungsaktionen á la Christo oder ein Geburtstagsthron. Dabei erweitern die Kinder den Raum, den ihre Werke einnehmen, und damit gleichzeitig ihr Denken.

Neben den Hauptkapiteln bietet das einleitende Kapitel „Papier: mehr als zwei Seiten" neben einem prägnanten **Einstieg in die Geschichte des Werkstoffs Papier** auch eine Einführung für die Kinder im Steckbrief-Format. Der Abschnitt „Materialvielfalt von A–Z" gibt einen guten **Überblick über die Fülle von Papier- und Pappsorten,** die im Handel erhältlich sind. Unter „Grundausstattung für die Praxis" findet sich eine knappe **Aufstellung von Materialien und Werkzeugen** als Fundus für die Papier-Werkstatt.

Innerhalb der Praxiskapitel sind alle Techniken in kurzen **Infokästen** beschrieben, sodass sich auch „Werkstatt-AnfängerInnen" leicht orientieren können. Zusätzlich sind allen Angeboten übersichtliche **Alters- und Materialangaben** zugeordnet, die die Planung erleichtern. Die Altersangaben sind dabei unbedingt als Richtwert zu sehen: Auch ältere Kinder haben ihren Spaß bei einer „Papierballschlacht" (→ S. 38) oder stürzen sich mit Vergnügen in einen „bunten Papierberg" (→ S. 14)!

Abschließend ist zu sagen, dass es auch für uns als Autorinnen immer wieder reizvoll ist, sich auf ein Material ganz einzulassen, um mit allen Sinnen erleben und arbeiten zu können. Hier können wir „Großen" viel von den „Kleinen" lernen.

„Fantasie ist wichtiger als Wissen. Wissen ist begrenzt, Fantasie aber umfasst die ganze Welt." Mit diesem Ausspruch von Albert Einstein wünschen wir allen Mut zum Experimentieren und viel Spaß in der Papier-Werkstatt!

Nicole Joiner & Dagmar Rücker

Papier: mehr als zwei Seiten

Eine lange Geschichte

Papier ist aus unserem alltäglichen Leben nicht mehr wegzudenken. Es begegnet uns ständig, wenn auch in unterschiedlichster Weise: Ob in Form von Schreib- oder Druckerpapier, Toilettenpapier oder Verpackungsmaterial, Malpapier, Pappe oder als Buchseite in unseren Lektüren – wir nutzen es täglich.

Werfen wir einen Blick auf die Entdeckung und die Geschichte des Papiers, können wir verstehen, wie kostbar und selten das für uns heute selbstverständliche Material in früheren Zeiten war.

- **Ursprung im Wasser**

Sein Name stammt von „Papyrus" ab, einer Wasserpflanze, aus der schon um 1560 v. Chr. Schreibflächen hergestellt wurden. Dazu wurden flach geschlagene Stängel der am Nil wachsenden Schilfpflanze („echter Papyrus") über Kreuz gelegt und anschließend gepresst. Die Schreibunterlagen wurden mit roter Farbe auf Ocker-Basis oder mit schwarzer Tusche aus Ruß und Gummilösung beschrieben. So konnten z. B. historische Ereignisse für die Nachwelt festgehalten werden.

- **Von Afrika nach Asien**

Ca. 123 v. Chr. entdeckte der Chinese Tsai-Lun die alternative Bereitung eines Papierblatts aus den unterschiedlichsten Materialien wie Baumwolle, Bastfasern des Papiermaulbeerbaums, Stroh, Bambus, Ulme und Hadern. Er zerstampfte, kochte und wässerte gesäuberte Fasern dieser Rohstoffe, die anschließend mit einem Sieb in einzelnen Lagen abgeschöpft, getrocknet, gepresst und geglättet wurden. Tsai-Lun unterrichtete Interessierte darin, aus diesen feinen Fasern durch manuelles Verfilzen Blätter zum Beschreiben herzustellen.

- **Erste Papier-Werkstätten**

Auf ihren Beutezügen lernten die Tartaren um 580 n. Chr. die Papierherstellung kennen und brachten dieses Wissen in ihre Heimat Samarkand, eine der ältesten Städte der Welt im heutigen Usbekistan. Dort richteten sie erste Papiermacher-Werkstätten ein, sogenannte „Papierhäuser".

- **Leinen statt Baumwolle**

Um 650 n. Chr. erreichte die Technik der Papierherstellung die Städte Mekka, Medina und Damaskus. Auch hier wurden in Folge überall Papier-Werkstätten errichtet. Zu dieser Zeit wurde zur Papierherstellung hauptsächlich Baumwolle benutzt, die dem Papier eine eher raue Oberfläche verlieh.

Ab dem 8. Jahrhundert jedoch wurde auch aus leinenen Lumpen Papier hergestellt, das sich im Gegensatz zu Papier aus Baumwolle durch seine dicke, feste Struktur und die glatte Oberfläche auszeichnete.

- **Auf nach Europa**

Im 12. Jahrhundert erreichte die Papierherstellung Deutschland, Frankreich und Italien. Auf ihren Kreuzzügen im Orient hatten die Tempelritter das Verfahren der Papierherstellung entdeckt und mitgebracht. Das neu entdeckte Papier löste nun das im Mittelalter als Schreib- und Malunterlage verwendete Pergament aus Tierhäuten ab.

1390 entstand in Nürnberg die erste deutsche Papiermacher-Werkstatt, eine sogenannte „Papiermühle", bei der die Handarbeit durch Wasserkraft unterstützt wurde. Das Papier wurde zu dieser Zeit überwiegend aus Leinenfasern hergestellt.

Die Erfindung des Buchdrucks im 15. Jahrhundert durch Johannes Gutenberg bescherte der Papierherstellung einen großen Aufschwung und es entstanden überall in Europa weitere Papiermühlen.

- **Papier aus der Maschine**

Die größte Entwicklung in der Papierherstellung brachte die Erfindung der Papiermaschinen im 17. Jahrhundert mit sich. Nun konnte das Herstellen großer Blätter und Papierbänder mechanisch ausgeführt werden. Da Leinen knapp war, wurde als Ersatz Holz als Rohstoff zur Papiergewinnung eingesetzt. Zu dieser Zeit wurde auch damit begonnen, Normen und Benennungen für Papierarten und Größen einzuführen, die teilweise bis heute im Umlauf sind. 500 Bogen waren ein Bündel („Rizma"), heute ist der Begriff „Ries" immer noch üblich.

Mitte des 20. Jahrhunderts konnte Papier maschinell bis zu 2,80 m Breite und ca. 8000 kg in 24 Stunden hergestellt werden.

- **Zwischen Hochglanz- und Recyclingpapier**

Die Entwicklung der maschinellen Papierherstellung ermöglicht es uns heute, große Mengen qualitativ sehr hochwertiger Papierprodukte herzustellen. Das Problem liegt damit heute nicht mehr darin, genügend nutzbares Papier herzustellen, sondern in der weltweit fortschreitenden Rodung der Wälder, u. a. zur Holzgewinnung für die Papierproduktion. Dank moderner Recyclinganlagen kann aus großen Mengen gesammelter Papierabfälle vielfach nutzbares Recyclingpapier hergestellt werden, z. B. für Verpackungsmaterial, Schulhefte, Mal- und Zeitungspapier.

Grundsätzlich sollte also auch bei der kreativen Arbeit mit Papier ein Mittelweg gefunden werden, den Kindern vielfältige Materialien anzubieten, gleichzeitig aber nichts zu verschwenden, überall wo es möglich ist, Recycling-Papier zu verwenden und den Kindern insgesamt den Wert von Papier zu vermitteln.

Kinder-Steckbrief Papier

Hallo, ich möchte mich euch vorstellen: Mein Name ist „Papier". Jeder von euch kennt mich, ich begegne euch jeden Tag in unterschiedlichster Form. Wenn ihr am Morgen eure Nasen mit einem Taschentuch putzt, eure Pausenbrote in Papiertüten gepackt werden oder ihr ein Kunstwerk auf Malpapier zeichnet – ich bin dabei! Auch Schulhefte, Malbücher und Bilderbücher mit tollen Geschichten werden aus mir hergestellt.

Vor sehr langer Zeit, als es mich, das Papier, noch nicht gab, wurde aus einer Schilfpflanze mit dem Namen „Papyrus" eine feste Schreibunterlage hergestellt. Dazu wurden die Stängel der Schilfpflanze flach gedrückt und anschließend über Kreuz fest zusammengepresst. Auf diese Schreibunterlagen schrieben die wenigen Menschen, die zu dieser Zeit lesen und schreiben konnten, mit roter und schwarzer Farbe wichtige Briefe und Geschichten.

Später hatte ein Chinese mit Namen Tsai-Lun eine tolle Idee: Aus Stroh, Bambus, Baumwolle und Fasern des Maulbeerbaums stellte er die ersten Papierblätter her. Er zerstampfte, kochte und wässerte feine Pflanzenstücke und schöpfte mit einem Sieb einzelne Schichten der nassen Fasern ab. Danach wurde jede Schicht gepresst und getrocknet. So wurde ich erfunden.

Menschen aus anderen Ländern sahen mich und meine Geschwister und waren begeistert. Tsai-Lun erklärte ihnen, wie sie selbst Papierblätter herstellen konnten. So reiste ich durch viele Länder Asiens und des Orients und bekam immer mehr Verwandte.

Später brachten mich die Ritter von ihren Kreuzzügen mit zurück in ihre Heimat nach Europa. Dort entstanden daraufhin viele Papiermühlen, in denen ich mit Wasserkraft hergestellt wurde. Die erste deutsche Papiermühle wurde in Nürnberg gebaut. Allerdings konnten noch immer nur wenige Men-

... schen schreiben und lesen. Deshalb gab es nur selten Bücher und ich, das Papier, wurde wenig gebraucht. Damals war ich noch etwas ganz Besonderes und sehr teuer.

Dann hat ein Herr Gutenberg das Drucken eines Buchs erfunden. Plötzlich war ich sehr gefragt. Die Menschen benötigten nun so viel Papier, dass überall Papiermühlen entstanden, um all die Bücher herzustellen – z. B. auch Schulbücher zum Lesenlernen.

Ob zu Zeiten Tsai-Lun's, im Orient oder in Europa – die Herstellung eines Blatts Papier war damals mit sehr viel Arbeit verbunden, deshalb war ich sehr kostbar. Erst vor ungefähr 300 Jahren wurde eine Papiermaschine erfunden. Ab diesem Zeitpunkt konnten die Menschen mit weniger Handarbeit viel mehr Papier herstellen. Bisher wurde ich meist aus Leinenstoff gemacht, aber weil es nicht so viel Leinen gab, wurde nun meist Holz als Ersatz verwendet. Die Menschen fällten also Bäume und bearbeiteten das Holz der Stämme so lange, bis daraus dünne Papierbögen entstanden. Wer mich ab jetzt kaufen wollte, musste nicht mehr so viel Geld bezahlen, und seitdem kann sich jeder Papier und Bücher leisten.

Wenn ihr mich nun bemalt, zerschneidet oder faltet, überlegt mal, wann und wo ihr mich sonst noch an eurem Tag antrefft – und wie viele Menschen und Jahre notwendig waren, damit ich heute bei jedem von euch sein kann. Und denkt immer dran: Geht sorgsam mit mir um, denn ich bin aus einem Baum gemacht!

Liebe Grüße, das Papier

© Nicole Joiner

Hinweis: Um mit den Kindern einen Blick in die Welt der Papierherstellung zu werfen, lohnt sich ein Besuch in einem der zahlreichen Papiermuseen. Informationen und Adressen hierzu sind z. B. unter **http://handpaper.freyerweb.at/index2.php?c=3&lang=de** zu finden.

Materialvielfalt von A–Z

Gutes Papier und hochwertiger Karton sind auch in der heutigen Zeit teure – und wertvolle – Materialien. Deshalb leben wir mit und ohne Kinder gerne unsere Sammelleidenschaft aus und entdecken in Papierkörben, Papiertonnen oder im Altpapier immer wieder interessantes, brauchbares und vor allem kostenloses Material. Wir empfehlen aber, den Kindern daneben auch hochwertige Papiere und Pappen zur Verfügung zu stellen.

Um einen guten Überblick über die heutige Papiervielfalt zu ermöglichen, haben wir hier Papierarten zusammengestellt, die wir bei unserer kreativen Arbeit mit Kindern immer wieder gerne einsetzen. Die erwähnten Flächengewichte ermöglichen es einzuschätzen, wie dick, stabil, reiß- oder saugfest eine Papiersorte ist. Grundsätzlich gilt: je höher das Gewicht, desto dicker das Material.

Und bedenken Sie immer: Alle Papierarten lassen sich in größeren Mengen günstiger einkaufen! Es lohnt sich, im Papiergroßhandel nach günstigen Preisen zu fragen.

- **Aquarellpapier/-karton:** Flächengewicht ca. 120 g/m² bis 850 g/m² (Aquarellkarton ab 150 g/m²); sehr saugfähig und verzieht sich wenig; als Bögen, Blöcke oder Rollen erhältlich; kann auch für andere Zeichentechniken verwendet werden, z. B. für Arbeiten mit Tusche

- **Büttenpapier/-karton:** Flächengewicht ab ca. 20 g/m²; handgeschöpft oder maschinell hergestellt; unterschiedliche Qualitäten aus verschiedenen Ländern erhältlich
- **Buntpapier:** Bezeichnung für alle vollfarbigen oder oberflächengefärbten Papiere; kann eine lackierte, gummierte, gemusterte, flauschige, bronzene oder marmorierte Oberfläche haben
- **Butterbrotpapier:** milchig und durchscheinend; kann als günstiger Ersatz für Pergamentpapier dienen (Nachteil: weniger reißfest)
- **Eierkarton:** Pappe aus Holzschliff; unterschiedlich eingefärbt; meist kostenfrei beim Eierlieferanten oder auf dem Markt erhältlich; u. a. geeignet für die Herstellung von Pulpe beim Papierschöpfen (→ S. 86)
- **Faltpapier:** dünnes Papier; beidseitig gefärbt; in unterschiedliche Formen (rund, rechteckig, quadratisch) fertig zugeschnitten; in vielen Farben und verschiedenen Größen erhältlich
- **Geschenkpapier:** gibt es in allen möglichen Stärken, Farben und Oberflächenbeschaffenheiten; günstige Variante: Sammelkiste anlegen
- **Glanzpapier:** die Vorderseite ist farbig und glänzend, die Rückseite weiß (auch gummiert); lässt sich gut schneiden und reißen; in vielen Farben als Einzelbögen oder Sortiment erhältlich
- **Graupappe:** meist aus Altpapier hergestellt und deshalb grau; in unterschiedlichen Stärken und Größen erhältlich; eignet sich gut als stabile Zeichen- und Malunterlage; sehr saugfähig, wellt sich bei zu viel Wasserkontakt
- **Hochtransparentes Zeichenpapier:** gibt es in mehreren Stärken in Bögen, Rollen oder als Block; eignet sich für Arbeiten mit Tusche, Marker, Blei- und Buntstiften
- **Hochtransparenter Zeichenkarton:** Flächengewicht ca. 170 g/m²; milchig matte Oberfläche; gute Stabilität und Reißfestigkeit; eignet sich besonders für transparente Fensterbilder, Laternen etc.
- **Hygienepapier:** Zellstoffpapiere mit hohem Volumen und großer Saugkraft; Verwendung im Küchen- und Sanitärbereich; beim Papierschöpfen (→ S. 86) evtl. Toilettenpapier statt Eierkarton oder Halbstoff-Zelluloseblätter für den Ansatz einer kleinen Menge Pulpe verwenden
- **Japanpapier:** Sammelbegriff für meist aus Japan oder China importierte Langfaserpapiere; sehr stark gemasertes, reißfestes und saugfähiges Papier; in unterschiedlichen Farben erhältlich; geeignet z. B. zum Einfärben mit Tusche, für Batik und zum Bedrucken
- **Karton:** Flächengewicht ab 130 g/m²; diese dünnere Pappe wird vorwiegend aus Altpapier hergestellt und für die Herstellung von Kartonage verwendet; sehr festes Papier; in vielen Farben erhältlich; kann durch Pappe ersetzt werden; zum Kostensparen gebrauchte Pappkisten und alte Verpackungen sammeln
- **Krepppapier:** dünnes, dehnbares, reißfestes Papier; färbt in Verbindung mit Flüssigkeiten oder flüssigem Klebstoff; in unterschiedlichen Rollengrößen und Farben erhältlich; eignet sich z. B. zum Flechten, Weben, Umwickeln

- **Makulaturpapier:** Flächengewicht ab ca. 50 g/m²; weiß und ohne Druckerschwärze; lässt sich leicht reißen und knautschen; wird in Druckereien zur Herstellung von Zeitungen und Prospektmaterial verwendet; Makulaturpapierreste fallen in verschiedenen Rollenbreiten bei Tageszeitungs-Druckereien an; werden auf Anfrage kostenlos oder gegen geringen Preis an Schulen und Kitas abgegeben
- **Metallfolie:** mit Metallfolie ein- oder beidseitig überzogenes Papier; bekannt als Gold- oder Silberpapier; auch in den Farben Rot, Blau, Grün, Violett oder Pink; ebenso irisierend in vielen Farbnuancen und selbstklebend erhältlich
- **Origami-Papier:** stabiles, dünnes Papier; Vorderseite bunt in vielen Farben oder mit Motiven, Rückseite weiß oder einfarbig; es kann stattdessen auch Faltpapier verwendet werden
- **Packpapier:** Flächengewicht ca. 70 g/m² bis 130 g/m²; Einwickel- oder Kraftpapier; sehr stabil; wurde früher hauptsächlich aus Altpapier hergestellt; heute auch unterschiedlich eingefärbt zu erhalten; für alle Zeichentechniken, zum Malen, Basteln und zum Herstellen von Collagen geeignet
- **Pappe:** Flächengewicht von mind. 600 g/m² und ca. 1,5 mm Dicke; wird vorwiegend aus Altpapier hergestellt; sehr stabil; meist grau oder braun, aber auch unterschiedlich eingefärbt erhältlich; lässt sich durch Karton ersetzen; zur Kostenersparnis alte Verpackungen sammeln
- **Pappröhren, -kisten und -schachteln:** müssen nicht im Verpackungsfachhandel zum Neupreis gekauft werden, fallen als Abfallprodukte an, z. B. bei Teppichläden, im Haushalt (Küchen- und Toilettenpapierrollen), im Supermarkt (Bananenkisten & Co.) oder im Altpapier (Kartons, Versandrollen ...); lassen sich mit Kreppklebeband (gut bemalbar), Plastikklebeband (schlecht bemalbar) oder Doppelklebeband verbinden oder an einem anderen Teil befestigen
- **Pergamentpapier:** milchig-durchsichtig; dünn, aber reißfester als Butterbrotpapier; weitgehend fettdicht und wasserfest gemachtes Papier
- **Plakatpapier/-karton:** Flächengewicht ca. 80 g/m² (Plakatkarton: ca. 380 g/m²); beidseitig beschichtet; einseitig eingefärbt, auch in Leuchtfarben erhältlich; besonders geeignet für Collagen, andere Bastelarbeiten und zum Ritzen
- **Scherenschnittpapier:** sehr dünnes Papier; Vorderseite schwarz eingefärbt, Rückseite weiß
- **Schreibmaschinen- und Kopierpapier:** Flächengewicht ab ca. 70 g/m²; genormte Größe DIN A4; günstige Alternative zu Skizzenpapier; geeignet zum Falten, Zeichnen und Collagieren
- **Seidenpapier (Blumenseiden-Papier):** Flächengewicht ab 20 g/m²; sehr dünnes, leicht durchscheinendes Papier; Verpackungs- und Dekorationsmaterial; in vielen Farben erhältlich; lässt sich gut reißen und knüllen; färbt im Kontakt mit Flüssigkeiten und flüssigem Klebstoff; als Bögen oder Farbsortiment erhältlich
- **Strohseide:** Flächengewicht ca. 25 g/m²; ein mit Reisfasern versetztes Seidenpapier; sehr strapazierfähig; in vielen Farbtönen erhältlich; geeignet z. B. für Collagen, Laternen, Fensterbilder, Papierobjekte, Drachen, Drucke; als Bögen oder Farbsortiment erhältlich

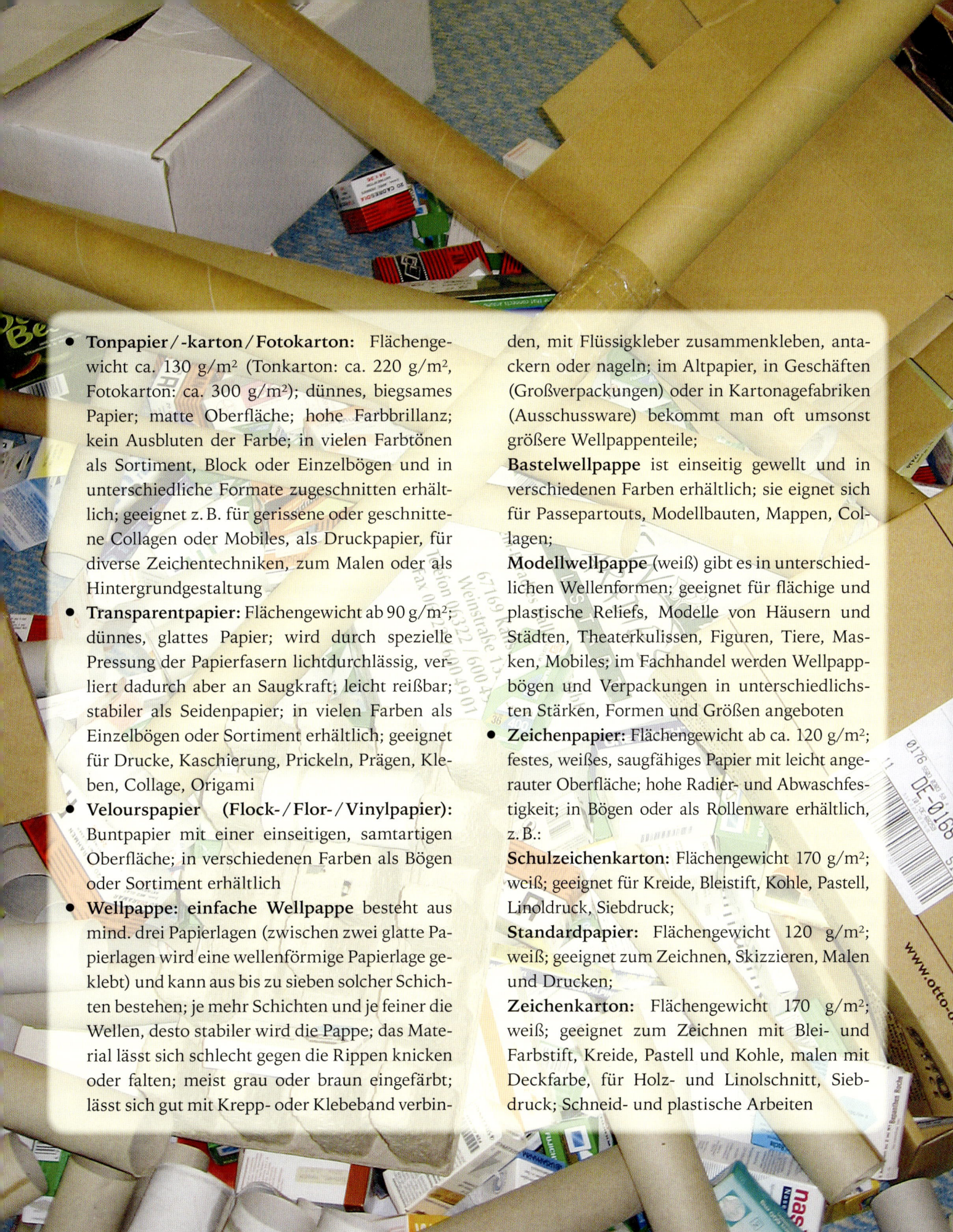

- **Tonpapier / -karton / Fotokarton:** Flächengewicht ca. 130 g/m² (Tonkarton: ca. 220 g/m², Fotokarton: ca. 300 g/m²); dünnes, biegsames Papier; matte Oberfläche; hohe Farbbrillanz; kein Ausbluten der Farbe; in vielen Farbtönen als Sortiment, Block oder Einzelbögen und in unterschiedliche Formate zugeschnitten erhältlich; geeignet z. B. für gerissene oder geschnittene Collagen oder Mobiles, als Druckpapier, für diverse Zeichentechniken, zum Malen oder als Hintergrundgestaltung
- **Transparentpapier:** Flächengewicht ab 90 g/m²; dünnes, glattes Papier; wird durch spezielle Pressung der Papierfasern lichtdurchlässig, verliert dadurch aber an Saugkraft; leicht reißbar; stabiler als Seidenpapier; in vielen Farben als Einzelbögen oder Sortiment erhältlich; geeignet für Drucke, Kaschierung, Prickeln, Prägen, Kleben, Collage, Origami
- **Velourspapier (Flock- / Flor- / Vinylpapier):** Buntpapier mit einer einseitigen, samtartigen Oberfläche; in verschiedenen Farben als Bögen oder Sortiment erhältlich
- **Wellpappe: einfache Wellpappe** besteht aus mind. drei Papierlagen (zwischen zwei glatte Papierlagen wird eine wellenförmige Papierlage geklebt) und kann aus bis zu sieben solcher Schichten bestehen; je mehr Schichten und je feiner die Wellen, desto stabiler wird die Pappe; das Material lässt sich schlecht gegen die Rippen knicken oder falten; meist grau oder braun eingefärbt; lässt sich gut mit Krepp- oder Klebeband verbinden, mit Flüssigkleber zusammenkleben, antackern oder nageln; im Altpapier, in Geschäften (Großverpackungen) oder in Kartonagefabriken (Ausschussware) bekommt man oft umsonst größere Wellpappenteile;

   Bastelwellpappe ist einseitig gewellt und in verschiedenen Farben erhältlich; sie eignet sich für Passepartouts, Modellbauten, Mappen, Collagen;

   Modellwellpappe (weiß) gibt es in unterschiedlichen Wellenformen; geeignet für flächige und plastische Reliefs, Modelle von Häusern und Städten, Theaterkulissen, Figuren, Tiere, Masken, Mobiles; im Fachhandel werden Wellpappbögen und Verpackungen in unterschiedlichsten Stärken, Formen und Größen angeboten
- **Zeichenpapier:** Flächengewicht ab ca. 120 g/m²; festes, weißes, saugfähiges Papier mit leicht angerauter Oberfläche; hohe Radier- und Abwaschfestigkeit; in Bögen oder als Rollenware erhältlich, z. B.:

   Schulzeichenkarton: Flächengewicht 170 g/m²; weiß; geeignet für Kreide, Bleistift, Kohle, Pastell, Linoldruck, Siebdruck;

   Standardpapier: Flächengewicht 120 g/m²; weiß; geeignet zum Zeichnen, Skizzieren, Malen und Drucken;

   Zeichenkarton: Flächengewicht 170 g/m²; weiß; geeignet zum Zeichnen mit Blei- und Farbstift, Kreide, Pastell und Kohle, malen mit Deckfarbe, für Holz- und Linolschnitt, Siebdruck; Schneid- und plastische Arbeiten

Papierformate

Die heutige maschinelle Papierver- und -bearbeitung macht einheitliche nationale Papierformate erforderlich. Im deutschen Sprachraum werden fast ausschließlich DIN Papierformate als Standardgrößen verwendet.

Die Abkürzung „DIN" steht für „Deutsches Institut für Normung e.V.", das für die Festlegung verantwortlich ist. Das Papierformat „A0" hat eine genau definierte Fläche von 1 m². Von diesem Format ausgehend lässt sich das Papiermaß für alle anderen Formate berechnen: A1 ist genau halb so groß wie A0, A2 halb so groß wie A1 usw. – dadurch kommen die ungeraden Millimeterangaben zustande! Wird ein DIN-Papierbogen also in der Mitte geteilt, entstehen automatisch zwei Bögen im nächst kleineren Format.

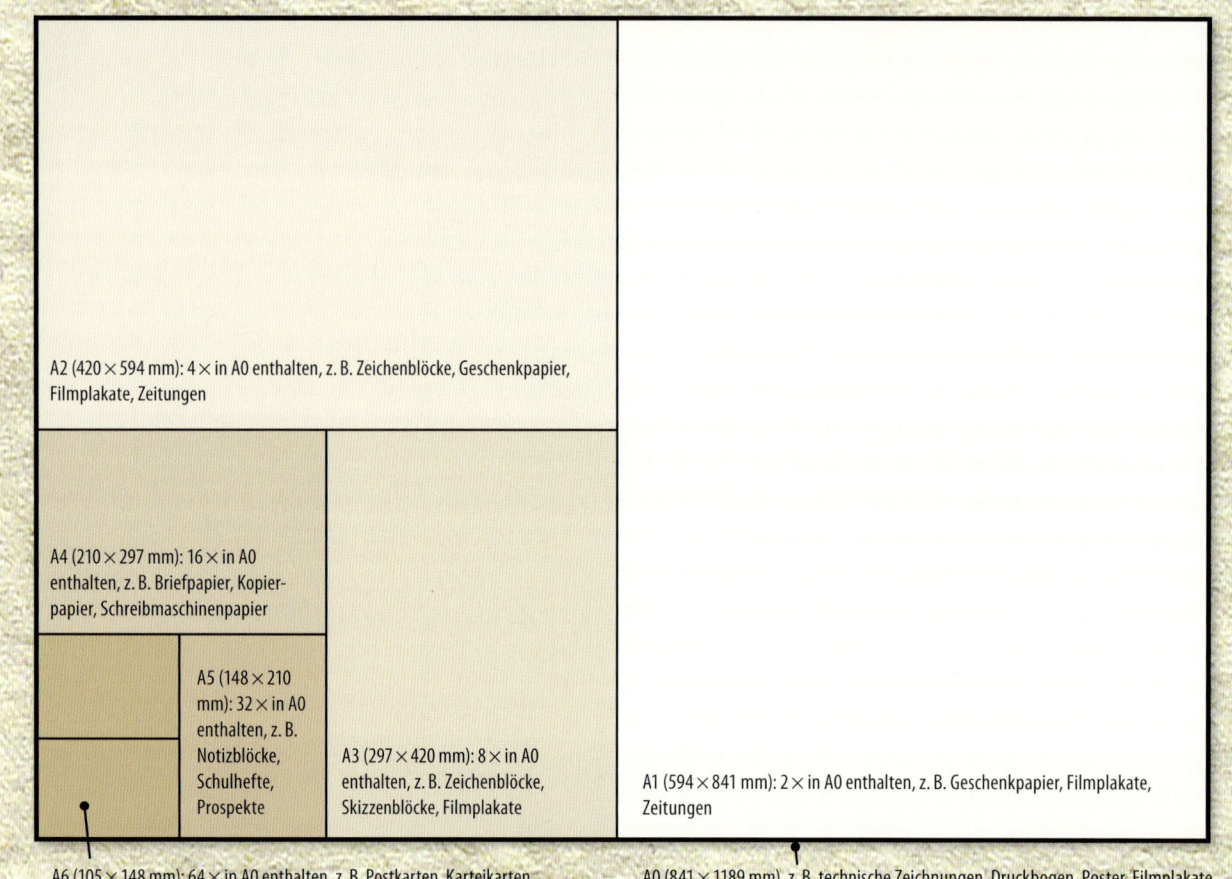

A2 (420 × 594 mm): 4 × in A0 enthalten, z. B. Zeichenblöcke, Geschenkpapier, Filmplakate, Zeitungen

A4 (210 × 297 mm): 16 × in A0 enthalten, z. B. Briefpapier, Kopierpapier, Schreibmaschinenpapier

A5 (148 × 210 mm): 32 × in A0 enthalten, z. B. Notizblöcke, Schulhefte, Prospekte

A3 (297 × 420 mm): 8 × in A0 enthalten, z. B. Zeichenblöcke, Skizzenblöcke, Filmplakate

A1 (594 × 841 mm): 2 × in A0 enthalten, z. B. Geschenkpapier, Filmplakate, Zeitungen

A6 (105 × 148 mm): 64 × in A0 enthalten, z. B. Postkarten, Karteikarten

A0 (841 × 1189 mm), z. B. technische Zeichnungen, Druckbogen, Poster, Filmplakate

Grundausstattung für die Praxis

Damit nicht für jede der folgenden Gestaltungs- und Experimentieraktionen immer wieder neu nach Materialien gesucht werden muss, haben wir hier eine knappe Liste von Materialien und Werkzeugen erstellt, die in keiner Papier-Werkstatt fehlen sollten. Eine Grundausstattung ermöglicht es ebenfalls, rechtzeitig auf Sonderangebote zu reagieren. Aus unserer Erfahrung heraus empfehlen wir:

Arbeitsplatz- und Kleiderschutz
- Plastikplane zur Bodenabdeckung
- Malerabdeckfolie zum Abdecken für die Tische
- alte Zeitungen, z. B. als Unterlagen
- Papiertücher oder Haushaltspapierrollen zum Abwischen der Hände
- Plastikmüllsäcke mit Löchern für Arme und Kopf als Schürze oder alte Hemden

Papierfundus
- Grundausstattung an Papieren und Pappen: Kopierpapier, Zeichenpapier in verschiedenen Größen und Stärken, Transparentpapier, Tonpapier und Tonkarton
- gesammelte Papier- und Pappverpackungen
- Papprollen
- alte Zeitungen, Zeitschriften und Kataloge
- Eierkarton
- Makulaturpapier
- Papierrestekiste, z. B. mit Tapetenresten, Geschenkpapier etc.

Schneidewerkzeuge
- Papierschneidemesser (Cutter) und stabile Schneidematte
- Papierschneidemaschine
- große Schere
- kleine spitze und runde Scheren

Hinweis: Scheren zum Papierschneiden nur für Papier verwenden, da sie sonst sehr schnell stumpf werden!

Klebemittel
- Heißklebepistole
- Klebestifte
- Flüssigkleber in kleinen Flaschen
- Tapetenkleister
- Holzleim
- Kreppklebeband
- durchsichtiges Klebeband

Und außerdem brauchen wir immer wieder:
- weiche Bleistifte
- Buntstifte
- Spitzer
- Lineal, Dreieck
- Papierlocher
- Lochzangen
- Tacker mit Heftklammern zum Nachfüllen
- Nähnadeln, Nähgarn
- Borstenpinsel in verschiedenen Stärken
- Joghurtbecher zum Mischen von Farbe und für Wasser

Papier mit allen Sinnen erleben

In diesem Kapitel machen die Kinder erste Erfahrungen mit dem Material Papier und Pappe. Sie erforschen und entdecken kindgerecht die verschiedenen Eigenschaften, Eigenheiten und die unterschiedliche Beschaffenheit der angebotenen Papier- und Papparten und erleben so das Material Papier mit all ihren Sinnen. Um den Fokus wirklich ausschließlich auf diesen Werkstoff zu richten, verzichten wir bei den Aktionen auf jegliche weiteren Materialien.

Ein bunter Papierberg

Hier geht es um ein erstes Herantasten und Kennenlernen der Fülle unterschiedlicher Papierarten. Kleine PapierforscherInnen fühlen und wühlen sich durch einen riesigen bunten Papierberg.

Alter: ab 3 Jahren
Material: viele Papierreste in unterschiedlichen Größen, z. B. aus Zeitungs-, Bunt-, Geschenk-, Pack-, Transparent-, Krepp- oder Kopierpapier …

Die Werkstattleitung häuft in der Mitte des Raums auf dem Boden einen großen Berg unterschiedlichster bunter Papierstücke an.

Die Kinder setzen sich um den Berg herum, sodass alle das Papier berühren können. Gemeinsam mit der Werkstattleitung erforschen sie den Berg: Was sehen sie dabei? Was fühlen sie? Was hören und was riechen sie? Die Kinder entdecken und benennen Eigenschaften der verschiedenen Papiere, z. B. weich, kalt, warm, glänzend, matt, dick, dünn, durchsichtig usw.

Was können sie außerdem mit dem Papier tun? Die Kinder probieren aus:

- Jedes Kind gestaltet einen Knautschberg aus geknüllten Papierstücken. Mal schauen, wer den höchsten Berg bauen kann!
- Gemeinsam wühlt sich die Gruppe durch den Papierberg und erforscht die Formen und Geräusche, die dabei entstehen.

- Die Kinder reißen Papiere in kleinere Stücke und werfen sie in die Luft.
- Aus Papierstücken werden selbst erdachte Objekte gefaltet und alle Kinder betrachten die entstandenen Faltungen. Beim Auseinanderfalten entdecken sie, dass dabei wiederum neue Formen entstehen.
- Die Kinder rollen Papierteile zu Röhren unterschiedlichster Länge und Breite. Sie schauen durch die Röhren hindurch oder stecken sie sich auf die Finger.

Papier und Pappe sortieren

Die Kinder lernen die Gemeinsamkeiten und Unterschiede der einzelnen Papier- und Papparten kennen.

Alter: ab 3 Jahren
Material: Papier- und Pappreste unterschiedlicher Farbe und Struktur, z. B. Wellpappe, Buntpapier, Tapete, Zeitungspapier …

Die Werkstattleitung schichtet die verschiedenen Papiere und Pappen auf dem Boden zu einem Haufen auf.
Die Kinder erforschen den kunterbunten Haufen und sortieren nach unterschiedlichen Kriterien, die sie selbst wählen, z. B. nach Farben, Oberflächen, Aufdrucken, Größen oder Stärken. So entstehen lauter kleine Häufchen zu einem Thema, z. B. ein blauer, ein weißer und ein gemusterter Haufen oder ein Haufen mit Glanzpapier, einer mit Wellpappen-Stücken und einer mit Vinylpapier.
Am Ende eines Sortiervorgangs wird alles wieder zu einem Haufen zusammengeworfen und mit den Händen gut vermischt. Anschließend denken sich die Kinder ein anderes Sortier-Kriterium aus.

Eine Rolle Papier

Eine ganze Rolle Papier auf einmal! Hier erleben Kinder Papier jenseits von DIN A4 im Großformat und staunen, was sich damit so alles anstellen lässt …

Alter: ab 3 Jahren
Material: mehrere Rollen Makulaturpapier

Die Werkstattleitung setzt sich zusammen mit den Kindern in einen Sitzkreis auf den Boden und legt mehrere Rollen Makulaturpapier in die Mitte. Wissen die Kinder, was das ist? Kennen sie den Namen des Papiers? Was lässt sich damit tun?

Die Kinder experimentieren frei mit einer Rolle. Die Werkstattleitung greift Ideen einzelner Kinder auf und setzt sie mit der ganzen Gruppe um, z. B.:

- Gemeinsam rollen die Kinder das Papier zu einem langen Teppich aus. Reicht die Bahn durch den ganzen Raum?
- Die Kinder fassen die Enden der Papierbahn fest an und lassen sie schwingen und schaukeln. Können die Kinder mit der Papierbahn auch Seilspringen?
- Mehrere sich kreuzende Papierbahnen werden wie Straßen im Raum ausgelegt. Die Kinder gehen, hüpfen, kriechen oder laufen darauf hin und her, ohne neben das Papier zu treten.
- Die Kinder legen die Papierbahn zu einer Schlange, die durch den Raum kriecht.
- Sie rascheln, knistern, ratschen oder knallen mit der Papierbahn.

Geheimnisvoller Papierhaufen

Welches Kind versteckt sich nicht gerne oder sucht mit viel Spaß nach einem versteckten Freund. Hier wühlen sich die Kinder munter durch einen Papierhaufen, um etwas Verstecktes zu entdecken.

Alter: ab 3 Jahren
Material: Makulaturpapierrolle

Die Werkstattleitung reißt von der Rolle Makulaturpapier große Teile ab und stapelt sie in der Mitte des Raums zu einem Haufen. Eine Erzieherin versteckt sich zusammengekauert unter dem Papierhaufen, sodass sie vollkommen von Papier bedeckt ist.

Die Kinder werden in den Raum geführt und setzen sich so nah um den Papierberg herum, dass sie ihn berühren können. Die Werkstattleitung fordert sie auf, sich mit den Händen durch den Haufen zu graben und zu erforschen, ob etwas Besonderes zu finden ist. Die Kinder graben und wühlen sich mit vollem Körpereinsatz durch den riesigen Papierhaufen – und quietschen vor Vergnügen, wenn sie feststellen, dass ein Mensch darin versteckt ist!

Varianten
- Jedes Kind probiert selbst aus, wie es sich anfühlt, unter Papier versteckt zu sein, und wühlt sich dazu in den großen Papierhaufen hinein. Die anderen Kinder helfen beim Bedecken mit den Papierstücken: Wo lugt noch ein Körperteil hervor?
- Die Kinder bauen gemeinsam mit den Papierstücken Höhlen, in die sie sich einzeln oder in Gruppen hineinsetzen. Wie groß muss eine Höhle sein, damit alle Kinder hineinpassen?
- Aus den Papierstücken entstehen große geknautschte Papiernester, in die sich die Kinder einkuscheln. Wie viel Papier brauchen sie, damit es gemütlich ist?

Röhren-Sammelsurium

Papröhren geben in größeren Mengen ein wunderbares Experimentier- und Spielmaterial ab – je vielfältiger die Längen und Durchmesser, umso besser!

Alter: ab 3 Jahren
Material: viele Pappollen und -röhren unterschiedlicher Längen und Durchmesser (Toilettenpapier-, Küchen-, Geschenkpapier-, Paket-, Teppich-, Makulaturpapier-, Garnrollen …)

In der Mitte des Raums werden alle Pappröhren auf dem Boden ausgelegt.

Die Kinder setzen sich dicht um das Röhren-Sammelsurium herum. Die Werkstattleitung fordert sie auf, sich eine oder mehrere Röhren herauszunehmen, sie zu betrachten und damit zu experimentieren. Sie greift die Ideen einzelner Kinder auf und setzt sie mit allen um, z. B.:
- Die Kinder schauen durch eine Röhre hindurch und beobachten andere Kinder. Sie entdecken die Veränderung ihres eingeschränkten und fokussierten Blickfelds.
- Die Kinder rollen die Röhren auf dem Boden, zwischen den Händen, mit einer Hand über ihren Körper oder beim Nachbarkind über Beine, Arme und Rücken.
- Sie rollen mehrere Pappröhren über- und nebeneinander durch den Raum.
- Beim Stapeln der liegenden Rollen entdecken die Kinder, dass dies nur mit mehreren Röhren nebeneinander möglich ist, die sich gegenseitig stützen.

- Die Kinder legen aus Papprӧhren Formen oder Muster, in die sie hineinsteigen oder darüber hüpfen.
- Die Kinder stellen die Papprӧhren einzeln, als Gruppe oder in einer Reihe hochkant auf. Sie betrachten die entstandenen Formen und Figuren, die z. B. wie Gartenzäune oder wie ein Fantasietier aussehen.
- Stapeln die Kinder Röhren mit der offenen Seite aufeinander, entstehen wackelige Türme oder Schornsteine, die mit viel Spaß zum Einsturz gebracht werden.
- Aus zwei sehr dicken, stabilen Papprӧhren entsteht eine Wippe, indem beide Röhren über Kreuz gelegt werden. Auf jedem Ende der oberen Röhre nimmt ein Kind im Reitersitz Platz und beide versuchen, in eine Wipp-Bewegung zu kommen. Mit der runden Röhre als Unterlage und ohne Haltegriff ist das gar nicht so einfach – und sehr lustig!

Im Pappschachtelland

Pappschachteln und Kartons haben für Kinder einen großen Aufforderungscharakter: Sie lassen sich leicht zu Türmen stapeln, ineinander verstecken oder nach Farben und Größen sortieren …

Alter: ab 3 Jahren
Material: Pappschachteln und -kartons in gleicher und unterschiedlicher Form, Farbe und Größe (Schuh- und Umzugskartons, Verpackungs- und Geschenkkisten, Zahnpasta- und Medikamenten-Schachteln …)

In der Mitte des Raums liegen alle Schachteln und Kartons bunt durcheinander bereit.
Die Kinder setzen sich zusammen mit der Werkstattleitung in einem Kreis darum herum. Welche Kartons können die Kinder nach ihrer Verwendung benennen, z. B. „Schuhkarton", „Postpaket" etc.?

Können sie die verschiedenen Formen der Kartons benennen, z. B. rechteckig, quadratisch, rund?
Die Kinder sortieren und experimentieren mit den Kartons:

- Sie suchen nacheinander kleine, längliche, dicke, dünne, rechteckige oder quadratische Schachteln aus dem Berg heraus.
- Die Kinder ordnen die Vielzahl an Schachteln nach Größe, Farbe und Material. Welche Schachtel hat einen Zwilling?
- Kartons und Schachteln werden ineinander gesteckt. Dabei entdecken die Kinder die unterschiedlichen Größenverhältnisse.
- Die Kinder stapeln Kartons verschiedener Größen aufeinander. Wer wohl den höchsten Turm bauen kann?
- Die Kinder bauen aus vielen großen Schachteln und Kartons eine Mauer. Was passiert, wenn am Ende aus der Mitte der Mauer ein Karton herausgezogen wird?
- In großen Kartons können sich die Kinder wunderbar verstecken. Wer passt ganz in einen Karton hinein?
- Auf welchen Kartons können die Kinder sitzen oder sogar stehen, ohne dass diese kaputtgehen? Was haben diese Kartons gemein?

BaumeisterInnen

Hier werden alle Kinder zu richtigen BaumeisterInnen. Aus unterschiedlichen Pappteilen entstehen selbst erfundene fantastische Bauwerke.

Alter: ab 3 Jahren
Material: viele Pappschachteln und -röhren jeder Art

Die Werkstattleitung legt alle Materialien in der Kreismitte bereit.

Sie fragt die Kinder, welche Art von Bauwerken sie bereits kennen, z. B. Wohnhäuser, Hochhäuser, Türme, Garagen, Bahnhöfe, Schlösser, Burgen, Kirchen, Schulen, Schwimmbäder oder Brücken. Wie sehen diese Bauwerke aus und wie unterscheiden sie sich voneinander?

Die Kinder entscheiden selbst, ob sie in der Kleingruppe oder allein eines der besprochenen Bauwerke oder ein Fantasieprodukt bauen wollen. Sie suchen sich einige Teile zusammen und beginnen zu bauen. Die Werkstattleitung unterstützt die Kinder beim Umsetzen ihrer Ideen und Vorstellungen. Welche Schachtelform eignet sich am besten für einen Brückenbogen, für Eisenbahnschienen oder für einen Kirchturm? Im Handumdrehen entsteht aus einer blauen Pralinenbox ein Swimmingpool in Nachbars Garten, das Postpaket wird zum Hochhaus-Fundament und mehrere Schachteln nebeneinander werden zum Parkhaus für Spielzeugautos …

Papierklang & Pappgeräusch

Mit Papier und Pappe lassen sich viele Arten von Klängen und Geräuschen erzeugen. Dadurch lernen die Kinder eine weitere interessante Eigenschaft des Materials kennen.

Alter: ab 3 Jahren
Material: unterschiedliche Papiere, Pappschachteln und -röhren

Die Werkstattleitung legt alle Materialien in der Raummitte bereit und setzt sich mit den Kindern in einem Kreis darum herum. Wie können sie mit den Pappen und Papieren Geräusche und Töne erzeugen? Unterscheiden sich Pappe und Papier in ihren Klängen? Die Kinder probieren die verschiedenen Materialen aus, in dem sie z. B.:
- auf Schachteln klopfen und trommeln,
- in Röhren pusten,
- mit Papier knistern und rascheln,
- Papier reißen,
- Papiere aneinander reiben,
- mit Papier durch die Luft wedeln,
- auf Pappe kratzen und schaben,
- Röhren aneinander schlagen …

Wer stellt am Ende den anderen Kindern sein leisestes, lautestes, ungewöhnlichstes … Lieblings-Geräusch vor?

Variante

Die Werkstattleitung entwickelt zusammen mit den Kindern eine Geschichte, die sich dazu eignet, durch ein Papierorchester geräuschvoll untermalt zu werden, z. B.: „In der Papierfabrik" oder „Feuer in Pappenhausen" …

Kleistern, matschen & formen

Der Werkstoff Papier eignet sich wunderbar für vielfältige haptische Erfahrungen. In diesem Kapitel kommt er vor allem in aufgeweichter, verflüssigter Form vor, zunächst als fantasievoller Matsch-Spaß mit Tapetenkleister, dann beim Kaschieren und Gestalten mit Pappmaschee.
Für Kinder liegt die Faszination des Matschens, Knetens und Formens darin, mit den Händen in die glibberige, schmierige Masse einzutauchen oder Tapetenkleister mit den Handflächen aufzutragen. Durch die haptische Annäherung an das Material erspüren die Kinder z. B. Wärme und Kälte, Nässe und Trockenheit zwischen ihren Fingern, auf dem Handrücken oder der Handfläche. Sie üben dabei verschiedene Handgriffe, schulen ihre Fein- und Grobmotorik und lernen nicht zuletzt eine Menge über spezielle Verarbeitungsmöglichkeiten von Papier.

Matsch-Pampe

Schmieren und Matschen mit Papier, Pappe und Kleister bieten ein wichtiges Erfahrungsfeld für Kinder. Mit den Händen erleben sie die Veränderung des Papiers zu einem klebrigen Brei, der sich so schön kneten lässt.

Alter: ab 3 Jahren
Material: Zeitungspapier, 1 dicker Bogen Pappe pro Kind, Tapetenkleister

Das Zeitungspapier wird in die Mitte des Tisches gelegt. Jedes Kind erhält auf seine Pappe einen großen Klecks Tapetenkleister.
Die Kinder reißen sich Stücke vom Zeitungspapier ab und matschen sie in den Kleister auf die Pappe. Mit der Zeit wird so die ganze Pappfläche mit Zeitungsstücken bedeckt. Die Kinder arbeiten dabei

nicht nur flächig, sondern matschen auch in die Höhe: So entstehen lustige Matschberge und Knautschgipfel!

Alter: ab 3 Jahren
Material: 1 Rolle feste, glatte Tapete, Tapetenkleister, Makulatur- oder Zeitungspapier, Fingermalfarben, breite Pinsel

Matsch-Schlange

*Auf einer langen Bahn Papier
kriecht eine dicke Schlange her.
Matschig, pampig kommt sie an,
klebt an den Händen: Fass' mal an!
Mal dicker und mal dünner Bauch,
so schlängelt sie – siehst du sie auch?*

© Nicole Joiner

Mehrere Tische werden zu einer Reihe aneinander gestellt und darauf eine Tapetenbahn festgeklebt. Die Kinder stellen sich um die Papierbahn herum und verteilen darauf mit den Händen viel Tapetenkleister. Dazu liest die Werkstattleitung langsam mehrmals das Gedicht von der Matsch-Schlange vor. Die Kinder reißen Makulaturpapier in Stücke und matschen sie in den Kleister. Sie arbeiten dabei nach rechts und links in gewundenen Linien aufeinander zu, sodass sich ihre Matschflächen am Ende zu einer riesigen Matsch-Schlange verbinden.

Die entstandene Riesenschlange kann nach dem Trocknen mit Fingermalfarbe und breitem Pinsel angemalt oder mit den Händen eingefärbt werden.

Bunter Matsch-Spaß

In dieser Aktion wird das Experimentierfeld Matsch-Pampe mit Flüssigfarben erweitert. Hier entdecken die Kinder, dass sich Papier auch mit flüssiger Farbe festkleben lässt.

Alter: ab 3 Jahren
Material: 1 Bogen DIN-A3-Zeichenpapier pro Kind, Tapetenkleister, Fingermal- oder Gouachefarben (Rot, Gelb, Blau), viele bunte Papierschnipsel aus Bunt-, Transparent-, Geschenk- und Tonpapier; evtl. Makulaturpapierschnipsel

Jedes Kind erhält einen dicken Klecks Tapetenkleister auf seinen Papierbogen, den es mit den Händen darauf verteilt, damit die Farbe nicht so schnell trocknet.

Alle bekommen je nach Wunsch einen Schuss rote, gelbe oder blaue Farbe in die Kleisterschicht. Die Kinder verteilen die Farbe mit den Händen und ziehen Spuren.

Die Werkstattleitung gibt jedem Kind eine Hand voll bunte Papierschnipsel auf die feuchte Farbfläche. Nun kann der bunte Matschspaß beginnen: Die Kinder schmieren so lange mit den Schnipseln auf ihrem Blatt herum, bis alles zu ihrer Zufriedenheit verteilt ist. Nach einiger Zeit ist die Farbe fest geworden und sie können ihr Werk aufhängen.

Variante

Die Werkstattleitung spritzt jedem Kind zwei Grundfarben in die Kleisterschicht, sodass sich diese beim Verschmieren nach und nach zu einer dritten Farbe vermischen. Dazu erhält jedes Kind eine größere Menge weißer Makulaturpapierschnipsel in den Farbenmatsch.

Schnipselmatsch auf Wellpappe

„Mit Kleister auf Wellpappe zu schmieren und zu matschen fühlt sich aber ganz anders an", behauptete eine kleine Künstlerin bei einem unserer Projekte. Ob das stimmt, finden die Kinder bei dieser Aktion heraus.

Alter: ab 3 Jahren
Material: 1 Bogen farbige DIN-A3-Bastel-Wellpappe pro Kind, Buntpapier, Tapetenkleister

Jedes Kind sucht sich einen Bogen Bastel-Wellpappe aus und legt ihn auf seinen Arbeitsplatz. Die Kinder streichen zunächst nur mit den Händen über die Wellpappe und beschreiben ihre Empfindungen.

Sie reißen das Buntpapier in Schnipsel und sammeln sie an ihrem Platz zu einem Häufchen.

Sie schmieren Kleister auf die Wellpappe, verteilen ihn mit den Händen und matschen ihre Schnipsel hinein. Was gefällt ihnen besser: das Matschen auf Wellpappe oder auf glattem Papier?

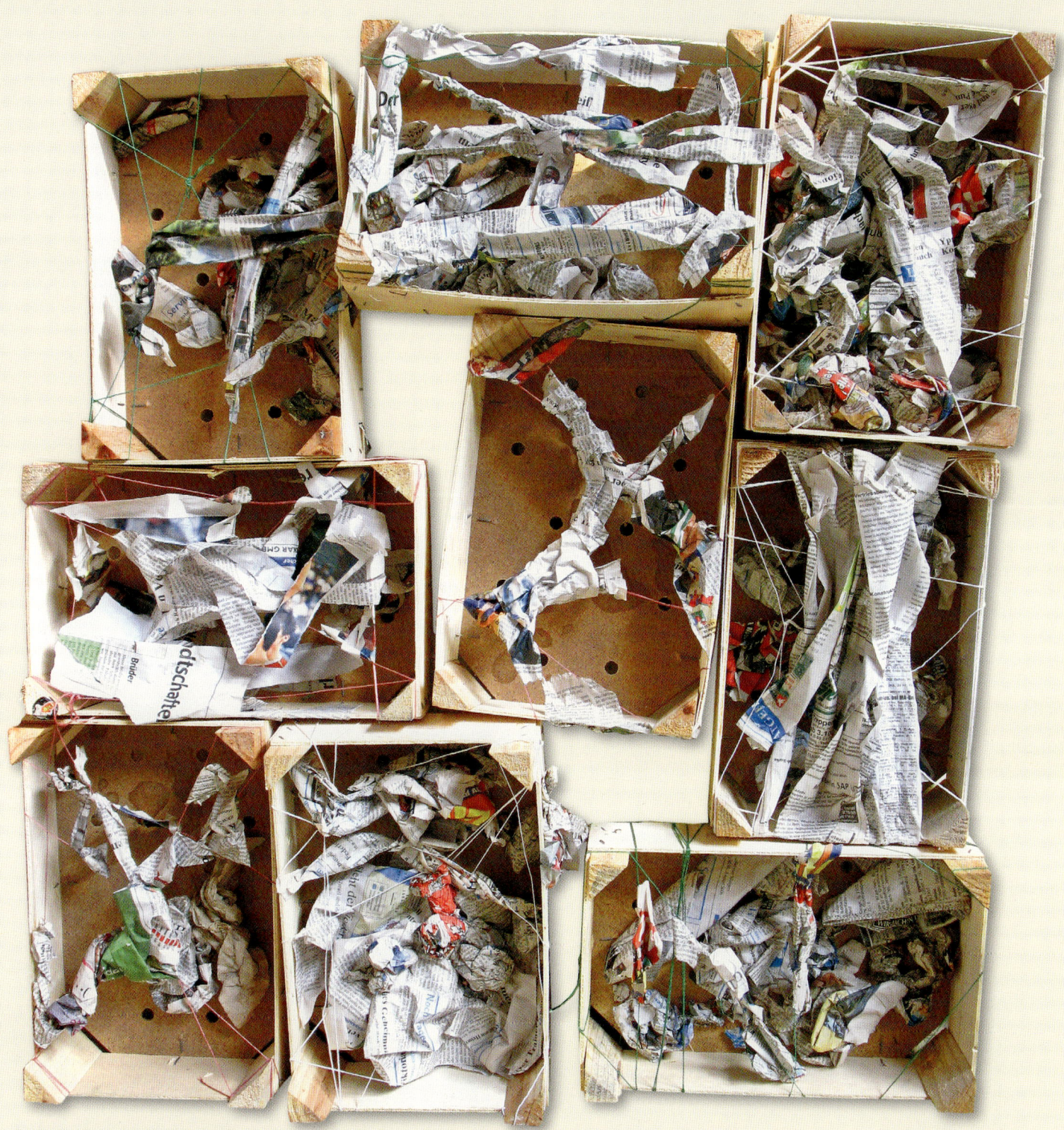

Matsch-Kisten

Bei dieser Aktion stehen Papier, Wolle und Kleister im Vordergrund. Die Kinder stellen staunend fest, was entsteht, wenn Matsch-Pampe um Wollfäden gewickelt wird.

Alter: ab 4 Jahren
Material: 1 Sperrholzkiste (z. B. Obst- oder Gemüsestiege) und 1 Wollknäuel pro Kind, Zeitungen, Tapetenkleister; evtl. Fingermalfarben

Papier-Schlemmereien

Bei dieser Aktion werden die Kinder zu MeisterköchInnen: Sie kreieren aus Matsch-Pampe köstliche Gerichte und traumhaft leckere Papier-Schlemmereien. Der individuellen Zusammenstellung der Zutaten sind dabei keine Grenzen gesetzt! Manche Eltern wären über die Gerichte ihrer Kinder erstaunt – wer isst schon gerne Fischstäbchen mit Nutella oder Nudeln mit Schokosoße …

Alter: ab 3 Jahren
Material: 1 Pappteller pro Kind, Zeitungen, Tapetenkleister, Gouache- oder Fingermalfarbe

Jedes Kind erhält einen Pappteller und richtet darauf sein Lieblingsessen an. Dazu werden Zeitungspapierstücke in Kleister getaucht und aus der Pampe die Essenszutaten geformt: Aus Matschwürsten werden Nürnberger, aus Schnipseln Salatblätter und auch Kartoffelknödel dürfen hier nicht fehlen.
Alle Schlemmereien müssen mit viel Kleister auf dem Pappteller fixiert werden.
Nach dem Trocknen der köstlichen Gerichte malen die Kinder ihr Lieblingsessen mit Gouache- oder Fingermalfarbe an.

Jedes Kind sucht sich eine der Kisten und ein Wollknäuel aus.
Die Werkstattleitung knotet den Kindern den Anfang des Knäuels an der Kiste fest. Die Kinder umwickeln ihre Kiste mit Wolle, sodass eine Art Spinnennetz entsteht. Das Wollnetz kann dabei gespannt oder locker gewickelt sein. Das Ende der Wolle wird wieder von der Werkstattleitung fest an der Kiste verknotet.
Die Kinder reißen die Zeitungen in Stücke und tauchen die Schnipsel in Kleister ein. So entsteht Matsch-Pampe, die in die Kiste und rund um die Wollfäden geklebt wird. Da hängen plötzlich glitschige Würmer in den Seilen und dicke Matsch-Spinnen sitzen auf dem Boden der Kiste …

Variante

Die Matsch-Kisten lassen sich gut mit Fingerfarbe bemalen und zu einer Gruppe zusammenstellen oder aufeinander stapeln. So entsteht eine lustige Matsch-Kisten-Mauer.

Kaschieren

Der Begriff „kaschieren" kommt aus der Buchbinderei und bezeichnet das Überziehen der Buchdeckel mit Schmuckpapier. In der Papier-Werkstatt werden bei dieser Technik ganze Bögen, Streifen oder Schnipsel Papier durch angerührten Kleister gezogen, etwas geknetet oder abgestreift und dann zu ein oder mehreren Lagen um eine Form herum gelegt oder zu einer neuen Form aufgebaut. Als Unterbau eignen sich so einfache Materialien wie Papierknäuel, Kartons und Pappröhren.

Die Arbeit ist in feuchtem Zustand stabiler als Pappmaschee (→ S. 33) und trocknet schneller. Dagegen bildet das Material eine unebene Oberfläche und eignet sich deshalb nicht so gut zum feinen Modellieren.

Kaschierte Kugeln

Zu fühlen, wie etwas Rundes, Glattes und Glitschiges in den Händen entsteht, ist ein besonders sinnliches Erlebnis: der erste Kaschier-Versuch.

Alter: ab 3 Jahren
Material: Zeitungs- oder Makulaturpapier, Tapetenkleister, Geschenkpapier, Strohseide; evtl. 1 leere Filmdose und 1 Glöckchen pro Kind

Jedes Kind knautscht aus einem Zeitungspapierbogen eine Kugel, die es zwischen den Händen fest zusammendrückt.
Es werden Stücke aus Zeitungspapier gerissen und in Kleister eingetaucht, um die Kugel gelegt und fest angedrückt. Dieser Vorgang wird wiederholt, bis der Ball vollständig umschlossen ist.
Mit Stücken aus buntem Geschenk- und Strohseidenpapier lassen sich die nassen Papierkugeln zusätzlich mit farbigem Papier kaschieren.

Die Bälle werden am Ende noch einmal mit Kleister eingestrichen, ganz glatt gestreichelt und zum Trocknen ausgelegt.

Variante

Knautschen die Kinder in die Papierbälle eine mit einem Glöckchen gefüllte Filmdose ein, lassen sich die Bälle beim Spielen auch mit verbundenen Augen verfolgen.

Kunstvolle Eisbecher

Nach einer Idee einer Kindergruppe entstehen aus kaschierten Papierbällen Eiskugeln in den ungewöhnlichsten Geschmacksrichtungen: Gurkenkiwi, Schokoketchup oder Erdbeergummibär!

Alter: ab 4 Jahren
Material: feuchte Papierbälle aus Zeitungspapier (→ S. 27 „Kaschierte Kugeln"), durchsichtige Plastikbecher und -schälchen, Plastiklöffel, Gouachefarbe, Papierschnipsel, Konfetti

Die Kinder kleben ein oder mehrere feuchte Papierbälle in einen Plastikbecher.
Nach dem Trocknen bemalen die Kinder die Eiskugeln in „leckeren" Farbtönen. Anschließend geben sie einen Schuss Farbsoße darüber und gestalten aus Papierresten und Konfetti Waffeln, Schokostreusel, Schirmchen oder Früchte – guten Appetit!

Neue Haut für Schachtel & Co.

Hier erhalten Pappschachteln oder -röhren eine neue Haut. Die Kinder experimentieren und erproben das Kaschieren mit Papier und Kleister.

Alter: ab 3 Jahren
Material: Pappschachteln und -rollen, Tapetenkleister, Zeitungs-, Pack- oder Makulaturpapier

Jedes Kind wählt eine Papröhre oder Schachtel aus. Das Zeitungs-, Pack- oder Makulaturpapier wird in Stücke gerissen, durch den Kleister gezogen oder damit eingestrichen und auf die Schachteln und Röhren geklebt. Besonders gut lässt sich

die Papierhaut mit den Händen auf die Pappe streichen und verteilen.
Am Ende sollte der Gegenstand vollständig bedeckt sein. Ist die neue Haut runzlig oder glatt? Gibt es verschiedene Schichten aus bedrucktem und unbedrucktem Papier oder eine einheitliche Schicht?
Hinweis: Werden die Röhren oder die Schachteldeckel nicht zugeklebt, lassen sie sich anschließend z. B. auch als Geschenkverpackung für besondere Anlässe verwenden.

Fantastische Bauten

Aus langweiligen Schachteln und Röhren entstehen farbenfrohe architektonische Wundergebilde.

Alter: ab 4 Jahren
Material: Pappschachteln und -röhren, Kreppklebeband, Tapetenkleister, Zeitungs- oder Makulaturpapier, Fingermal- oder Gouachefarbe; evtl. Literatur zu Friedensreich Hundertwasser

Jedes Kind klebt mit Kreppklebeband mehrere Pappschachteln und -röhren an- und aufeinander. Ist das Objekt nach seinen Vorstellungen fertig, wird es kaschiert. Dazu werden Papierstücke in Kleister getaucht und auf das Objekt geklebt, bis es vollständig überzogen ist. Die Standfläche kann dabei ausgespart werden.
Nach dem Trocknen malen die Kinder ihre fantastischen Bauten bunt an.
Wenn am Ende alle Gebilde der Kinder zusammengestellt werden, entsteht eine witzige, bunte Stadt.

Variante

Die entstandenen Bauten erinnern an Hundertwasser-Häuser. Die Werkstattleitung zeigt Kindern **ab 5 Jahren** Abbildungen im Internet oder in einem Bildband und spricht mit ihnen über den Künstler Friedensreich Hundertwasser. Die Kinder vergleichen: Wie sehen seine Häuser aus, was ist aus ihren eigenen Gebilden geworden? Worin gleichen sich die Kunstwerke, worin unterscheiden sie sich?

Röhrenschwein & Pappkamel

„Muh", „Miau" und „Kikeriki" tönt es laut, wenn sich Pappschachteln und Röhren in Tiere verwandeln …

Alter: ab 4 Jahren
Material: Pappschachteln und -röhren, Kreppklebeband, Tapetenkleister, Transparent- und Buntpapier

Die Kinder kleben mithilfe von Kreppklebeband Schachteln und Röhren so zusammen, dass ein Tier entsteht. Aus Kleister, Transparent- und Buntpapierschnipseln erhält das Tier eine Haut oder ein Fell. Dabei können mehrere Schichten aufeinander gekleistert werden.
Sind alle Tier-Kunstwerke getrocknet, laden die Kinder andere Gruppen, Klassen oder die Eltern zum Besuch im Papier-Zoo ein!

Windmühlen

Windmühlen üben auf Kinder stets eine große Anziehungskraft aus und lassen sich nach dem Bau als Spielzeug verwenden. Eine etwas anspruchsvollere Aktion für Grundschulkinder.

Alter: ab 6 Jahren
Material: Fotos von Windmühlen (z. B. **www.fotosearch.de,** Stichwort „Windmühlen"), 1 dünnes Holzbrett (ca. 30 × 30 cm) und 1 Pappröhre pro Kind, Tapetenkleister, Zeitungs- oder Makulaturpapier, Gouachefarben, quadratisches Faltpapier, 1 Schaschlikspieß pro Kind, 2 Flaschenkorken pro Kind

Einstieg
Die Werkstattleitung zeigt den Kindern Bilder von verschiedenen Windmühlen und spricht mit ihnen über den Zweck und ihre Funktion früher und heute.

Windmühlen-Turm

Jedes Kind gestaltet seine eigene Windmühle. Dazu wird auf die Holzplatte eine Pappröhre hochkant als Turm geklebt.

Die Kinder reißen Zeitungsschnipsel aus und kleben diese mit Tapetenkleister auf die Pappröhre und das Holzbrett, bis beide vollständig kaschiert sind.

Nach dem Trocknen bemalen die Kinder Brett und Röhre nach Belieben mit Gouachefarben.

Windrad

Während die Farbe trocknet, gestalten die Kinder aus einem quadratischen Faltpapier ein Windrad. Sie falten das Papier einmal diagonal und wieder auseinander.

Sie falten die andere Diagonale und auch diese wieder auseinander, sodass zwei sich kreuzende Faltlinien entstehen.

Sie schneiden das Blatt von den vier Ecken ausgehend auf den Linien ein, sodass der Einschnitt jeweils halb so lang ist wie die Linie bis zum Quadratmittelpunkt.

Jede zweite der acht losen Spitzen der Quadratecken wird zur Mitte hin gebogen und dort festgeklebt, sodass vier Windradflügel entstehen.

Das fertige Windrad wird auf dem Schaschlikstab aufgespießt.

Aus Papierresten schneiden und kleben die Kinder ein Dach für ihre Windmühle und legen es lose auf den Turm auf. So kann es jederzeit abgehoben und kleine Dinge darin versteckt werden.

Die Röhre wird im oberen Drittel durchstochen und der Schaschlikspieß durchgeschoben, sodass das Windrad mittig vor dem Turm positioniert ist. Auf jedes Ende des Spießes wird ein Korken aufgesteckt, damit die Spitzen abgedeckt sind. An den Korken lässt sich die Windmühle manuell drehen.

Hinweis: Bei größeren Röhren bieten sich statt der Schaschlikspieße Geranienstäbe oder dünne Holzstäbe an.

Komplementäre Schachtelkunst

Eine Komplementärfarbe ist eine Farbe, die im Farbkreis oder dem Farbdreieck einer Grundfarbe gegenüberliegt: Rot liegt gegenüber Grün, Gelb gegenüber Violett und Blau gegenüber Orange. Die Komplementärfarben haben im Zusammenspiel die Eigenschaft, die Gegenfarbe besonders intensiv zu betonen und leuchten zu lassen, z. B. sieht eine gelbe Banane in einer violetten Kiste viel reifer aus als in einer roten oder grünen Kiste.

Alter: ab 6 Jahren
Material: Makulaturpapier, 1 Schuhkarton, 1 Pappschachtel und 1 -röhre pro Kind, Tapetenkleister, Gouachefarben, Hammer, Nägel

Die Kinder reißen das Makulaturpapier in handtellergroße Stücke. Die Größe des entstehenden Schnipselberges sollte ausreichen, alle Schuhkartons von innen und außen und die einzelnen Pappschachteln und -röhren mit einer einfachen Papierschicht zu kaschieren.

Die Kinder suchen sich einen Schuhkarton aus und bekleben ihn rund herum mit eingekleisterten Papierstücken. Die Standfläche kann dabei ausgelassen werden.

Jedes Kind wählt Schachteln und Röhren aus, die es in den Schuhkarton stellen möchte, und kaschiert diese vollständig mit Makulaturpapier.

Nach dem Trocknen entscheiden sich die Kinder für eine Grundfarbe und rühren zwei Mischfarben an, z. B.: Sonnengelb als Grundfarbe, Zitronengelb und Weißgelb als Mischfarben. Mit diesen Farbtönen bemalt jedes Kind seine Kiste von innen und außen (ohne die Standfläche).

Nun mischen die Kinder aus der Komplementärfarbe ihrer Kistengrundfarbe weitere Mischfarben, z. B. bei Gelb Violett als Grundfarbe und Flieder und Pflaume als Mischfarben. Damit bemalen sie ihre Röhren und Schachteln.

Pappmaschee

Ursprünglich ist Pappmaschee ein Gemisch aus Papier und einem Bindemittel, z. B. Holzleim oder Tapetenkleister. StuckateurInnen benutzten lange Zeit diese Technik, um Ornamente zur Raumgestaltung herzustellen.

Aus den günstigen Ausgangsstoffen Zeitungspapier, Wasser und Tapetenkleister lassen sich schnell leichte, stabile und auch große Figuren herstellen – eine ideale Technik, um mit Kindern figürlich zu arbeiten.

Grundrezept

Material: Zeitungen, Makulaturpapier, andere Packpapierarten oder Eierkartons, Plastikwanne oder großer Eimer, Bohrer mit Rühraufsatz, Tapetenkleisterpulver, wasserlöslicher Holzleim, Sägemehl, Tuch

Zeitungen, Makulaturpapier, andere Packpapierarten oder Eierkartons werden in möglichst kleine Stücke gerissen und in eine Wanne gefüllt. Die Stücke weichen mit Wasser bedeckt mehrere Stunden ein. Lauwarmes Wasser beschleunigt diesen Vorgang.

Die Masse wird mit dem Rühraufsatz eines Bohrers gut verquirlt.

Das überschüssige Wasser wird abgeschüttet, sodass die aufgequollene Papiermasse abtropfen kann. Anschließend wird die Masse leicht in einem Tuch ausgedrückt.

Zum Stabilisieren werden auf ca. 1 kg abgetropfte Papiermasse 4 EL Tapetenkleisterpulver, 3 EL wasserlöslicher Holzleim und so viel Sägemehl eingerührt, dass eine feste, leicht knetbare Masse entsteht.

Hinweise:
- Für das Pappmaschee sollten keine Illustrierten verwendet werden, da sie nicht saugfähig genug sind.
- Durch das Reißen wird die Wasseraufnahmefähigkeit der Papiere weiter verbessert – also bitte nicht schneiden!
- Während des Modellierens besteht die Möglichkeit, die Masse mit Wasser weicher oder mit Sägemehl fester zu machen.
- Die vorbereitete Masse und Materialreste lassen sich luftdicht verschlossen über einen längeren Zeitraum aufbewahren.

Ist alles getrocknet, ordnen die Kinder die kleinen Teile im Schuhkarton an und kleben sie ein – fertig sind die Schachtelobjekte mit Farbeffekt!
Werden die Objekte nebeneinander mit Nägeln an der Wand aufgehängt, wird die Schachtelkunst zu einer knalligen Wandinstallation.

Hinweis: Weitere Informationen und Abbildungen finden sich z. B. im Internet unter **www.lehrerfort bildung-bw.de/Kompetenzen/gestaltung/farbe/ systeme/itten**

Eine Schüssel Pappmaschee

Hier geht es zuerst einmal um das reine Matsch-Erlebnis und erste Erfahrungen mit dem Material Pappmaschee. Für manche Kinder ist das ein ganz neues Erlebnis – nicht alle werden sich von Anfang an begeistert in die Pampe stürzen. Mit etwas Zeit und dem Miterleben der Matschlust der anderen Kinder lassen sich Ekelgefühle aber meist bald überwinden.

Alter: ab 3 Jahren
Material: Pappmaschee-Grundrezept (s. o.), große Schüssel

Gemeinsam mit der Werkstattleitung stellen die Kinder einige Stunden oder Tage zuvor eine leicht knetbare Pappmaschee-Masse her.
Die Werkstattleitung stellt eine große Schüssel in die Mitte eines Tisches und alle setzen sich so darum herum, dass sie die Schüssel gut erreichen können. Die Kinder nehmen sich mit den Händen einen Batzen Pappmaschee aus der Schüssel und experimentieren mit der Masse. Wie fühlt sie sich an? Kalt oder warm, glitschig oder faserig, nass oder trocken? Die Kinder schließen die Augen: Wie empfinden sie das Material zwischen den Fingern, auf der Handfläche, auf dem Handrücken? Wie lässt es sich bewegen, zerteilen, zermatschen …?
Mit wieder geöffneten Augen erproben die Kinder, was sich aus Pappmaschee alles formen und modellieren lässt. Durch das Kneten in die Breite, Länge und Höhe entstehen Figuren und Objekte, die nach Belieben getrocknet oder in die Masse zurückgegeben werden.

Muster auf Pappe

Bei dieser Aktion lassen die Kinder aus Pappmaschee-Masse erste Kunstwerke entstehen.

Alter: ab 4 Jahren
Material: 1 Bogen feste Pappe (mind. DIN A3) pro Kind, Tapetenkleister, Pappmaschee-Grundrezept (→ S. 33), Papierreste, Fingermalfarben

Die Kinder schmieren ihren Pappbogen mit Kleister ein.
Aus der Pappmaschee-Masse kneten sie Würste, Kugeln oder andere Formen, die sie fest auf die Pappe aufdrücken. So entstehen durch die Kombination verschiedenster Formen Muster und Ornamente.
Nach dem Trocknen werden die Kunstwerke mit Farbe bemalt oder mit Schnipseln beklebt.

Kugelige Girlanden-Deko

Aus selbst gemachten zitronengelben oder knallfroschgrünen Bällen und Kugeln wird ein toller Wandschmuck – oder eine wunderschöne Kette.

Alter: ab 3 Jahren
Material: feste Paketschnur, Pappmaschee-Grundrezept (→ S. 33), Gouachefarben; evtl. Schmuckdraht, Sprühklarlack

Die Kinder schneiden sich ein Stück Schnur von mind. 1 m Länge ab und legen es vor sich auf den Arbeitsplatz.
Aus Pappmaschee formen sie mit etwas Abstand zueinander kleine Kugeln oder größere Bälle um die Schnur herum und drücken diese gut fest.
So entsteht eine Girlande, die nach dem Trocknen mit Farbe bemalt und als kunterbunte Wanddekoration aufgehängt wird.

Variante

Kinder **ab 6 Jahren** formen kleinere Pappmaschee-Kügelchen um ein Stück Draht, sodass eine Halskette entsteht. Damit die Farbe gut hält und nicht auf der Haut abfärbt, werden die Kugeln nach dem Trocknen mit Sprühlack überzogen. Zum Schließen der Kette werden die Drahtenden zu einer offenen und einer geschlossenen Öse gebogen, sodass sie ineinander eingehängt werden können.

Schni-Schna-Schnecke

*Eine kleine Schni-Schna-Schnecke
rannte hastig um die Ecke.
Traf dort auf das kleine Schwein
und zog schnell die Fühler ein.
Das kleine Schwein war auch erschrocken
und blieb drum im Matschloch hocken.*

© Nicole Joiner ~ Dagmar Rücker

Alter: ab 4 Jahren
Material: 1 leeres Schneckenhaus pro Kind, Pappmaschee-Grundrezept (→ S. 33), Streichhölzer ohne Zündkopf, Gouachefarben, Alleskleber, flache Pappkiste, etwas Erde

Vorbereitung
Die Werkstattleitung betrachtet zusammen mit den Kindern die gesammelten leeren Schneckenhäuser. Dazu liest sie das Schneckengedicht vor.

Gestaltungsaktion
Die Kinder suchen sich eines der Schneckenhäuser aus. Aus Pappmaschee formen sie für das leere Haus einen Schneckenkörper und stecken zwei Streichhölzer als Fühler in die noch feuchte Masse. Nach dem Trocknen bemalen die Kinder den Körper der Schnecke mit Gouachefarben. So entstehen schillernde Schneckenkörper in gelblila gestreift oder himbeerweiß getupft.
Anschließend klebt jedes Kind sein leeres Schneckenhaus auf den Körper seiner Schnecke auf.

Sind am Ende viele Schnecken entstanden, lassen sie sich alle zusammen als Schnecken-Parade in eine flache, mit Erde gefüllte Pappkiste hineinsetzen.

Schnecke mit großem Haus

Hier geht es darum, die Spiralform von Schneckenhäusern mit Augen und Händen zu erfassen, um sie anschließend mit Pappmaschee nachzubilden.

Alter: ab 6 Jahren
Material: 1 leeres Schneckenhaus pro Kind, Pappmaschee-Grundrezept (→ S. 33), Gouachefarben, Zeitungspapier

Nachdem die Kinder ein leeres Schneckenhaus betrachtet und ertastet haben, nehmen sie sich eine Hand voll Pappmaschee-Masse und formen daraus die Grundform eines großen Schneckenhauses.
Mit einem Finger drücken sie die Spiralform und die Öffnung des Hauses in die noch feuchte Grundform.
Nach dem Trocknen bemalen die Kinder ihr Schneckenhaus mit bunten Mustern.
Aus einem Bogen Zeitungspapier knautschen die Kinder den passenden Schneckenkörper und kleben das große bunte Schneckenhaus darauf.

Knautschen & wickeln

Eine einfache Art der Bearbeitung von Papier sind die Techniken Knautschen, Knüllen und Wickeln. Hier stehen noch einmal Haptik und Sinnlichkeit im Vordergrund: Das Material Papier wird ohne Zusatz von weiteren Stoffen in seiner Urform mit den Händen verarbeitet, wobei die Kinder z. B. vielfältige Eindrücke der Oberflächenbeschaffenheit erhalten oder auch akustische Reize wie Knistern und Rascheln wahrnehmen. Die Aktionen in diesem Kapitel zeigen, wie einfach und schnell Papiere mit diesen Techniken verändert werden und etwas Neues daraus entstehen kann.

Knautschen & knüllen

Was für ein Spaß, wenn wir nach Herzenslust drauf los knüllen und knautschen dürfen. Und manchmal lässt sich auch etwas in den Knüllobjekten entdecken …

Alter: ab 3 Jahren
Material: Makulatur- oder Zeitungspapier

Die Werkstattleitung legt einen Haufen Makulaturpapier in die Mitte eines Tischs. Die Kinder nehmen sich einzelne Papierstücke heraus und knüllen und knautschen das Papier nach Belieben. Sie knautschen einzelne Formen oder knüllen mehrere Papiere ineinander. Sie zeigen sich gegenseitig ihre Gebilde und assoziieren frei: Sieht das nicht aus wie ein Hase? Oder diese Form wie ein Gebirge?
Am Ende werfen die Kinder alle Knüllgebilde auf einen großen Knautschberg.

Papierballschlacht

Papier ist nicht nur gut formbar, sondern auch leicht und kann dadurch prima zum Abbau überschüssiger Kräfte dienen, ohne dass jemand Schaden nimmt.

Alter: ab 3 Jahren
Material: Gymnastikseile, 2 große Kisten oder Körbe, Zeitungs- oder Makulaturpapier

Die Werkstattleitung teilt die Kinder in zwei Gruppen und den Bewegungsraum mit Gymnastikseilen als Markierungslinie in zwei Felder auf.
Jede Gruppe erhält einen Korb und einen Haufen Papier. Daraus knautschen alle Kinder viele Papierbälle und füllen sie in ihren Korb, bis dieser voll ist. Nun kann die große Schlacht beginnen: Alle Kinder nehmen sich mehrere Papierbälle aus dem Korb und verteilen sich damit in ihrem Feld. Auf ein Signal der Werkstattleitung bewerfen sich die Kinder gegenseitig mit den Bällen. Dabei dürfen sie die Mittellinie nicht übertreten! Wer keine Bälle mehr hat, hebt heruntergefallene Bälle vom Boden auf oder holt Nachschub aus dem Gruppenkorb.
Haben sich die Kinder genügend ausgetobt, beendet die Werkstattleitung die Aktion und alle Papierbälle werden wieder in den beiden Körben gesammelt. Was lässt sich damit noch alles anstellen …?

Variante
Für ältere Kinder: Schafft es eine der beiden Gruppen während der Papierballschlacht, einen kurzen Moment lang in der eigenen Spielfeldhälfte – inkl. Korb – völlig „Ballfrei" zu sein, sodass sich alle Bälle auf der anderen Hälfte befinden, ist das Spiel beendet und die Gruppe hat gewonnen.

Papier-Kaleidoskop

Angeregt durch ein Kaleidoskop, das die Kinder in großes Staunen versetzte, entstand bei uns die Idee, selbst etwas Ähnliches herzustellen.

Alter: ab 3 Jahren
Material: bunte Papierreste, 1 PET-Flasche ohne Etikett pro Kind, Klebeband

Die Papierreste werden in die Mitte des Tischs gelegt. Jedes Kind knüllt Papierschnipsel zu kleinen bunten Kügelchen und steckt sie in eine leere Flasche. Immer wieder werden die Flaschen zugehalten und geschüttelt, um das Spiel der Kügelchen zu bewundern.
Sind die Flaschen nach Wunsch der Kinder ausreichend gefüllt, werden sie zugeschraubt und mit Klebeband verschlossen.
Halten die Kinder die Flasche waagerecht und drehen sie langsam, entdecken sie immer neue Farbmuster – wie bei einem Kaleidoskop.

Seidenpapier-Mobile

Hier entdecken die Kinder die Leichtigkeit von Seidenpapier im Gegensatz zu anderen Papierarten.

Alter: ab 6 Jahren
Material: Seidenpapier, Baumwollschnur, 1 Holzstab oder Stock pro Kind

Die Kinder knautschen und knüllen aus Seidenpapierstücken Figuren und Formen.
Jede entstandene Figur wird an ein Stück Baumwollschnur geknotet.

Die Kinder hängen die einzelnen Seidenpapierteile nebeneinander an einen Holzstab. So entsteht daraus ein federleichtes Seidenpapier-Mobile, das durch Anpusten zum Schwingen gebracht wird.

Knautsch-Druck

Bei dieser Aktion ist Papier nicht nur der Malgrund, sondern wird zusätzlich als Werkzeug genutzt.

Alter: ab 3 Jahren
Material: Zeitungspapier, große flache Schalen, Fingermal- oder Gouachefarben, 1 Bogen festes, weißes DIN-A3-Papier pro Kind

Die Kinder knüllen und knautschen aus Zeitungen mehrere Bälle in handlicher Größe.
In großen flachen Schalen werden Fingermalfarben mit etwas Wasser angerührt.
Die Kinder tauchen ihre Knautschkugeln in die angerührten Farben und drucken damit auf das weiße Papier. Dabei bildet sich die geknautschte Struktur auf dem Papier ab.
Die Kinder experimentieren mit mehreren Kugeln und verschiedenen Farben und erzeugen so farbenfrohe Knautsch-Drucke.

Variante

Die farbigen Knautschkugeln werden nach der Aktion zum Trocknen ausgelegt. Aus ihnen entstehen weitere Kunstwerke, z. B. eine Farbraupe aus zusammengeklebten Knautschkugeln.

Sorgenpüppchen

Der Mythos der „Sorgenpüppchen" basiert auf einer Sage aus Guatemala: Prinzessin Ixmucane wurde vom Sonnengott mit der Gabe beschenkt, die Probleme anderer Menschen zu lösen. Die traditionellen Sorgenpüppchen stellen Ixmucane und ihre Gefährtinnen dar. Indem wir unsere Sorgen, Ängste und Wünsche vor dem Schlafengehen diesen Püppchen erzählen und sie unter das Kopfkissen legen, lösen sich die Sorgen nachts auf und Wünsche gehen in Erfüllung.
Bei dieser Aktion gestalten die Kinder ihr ganz persönliches Sorgenpüppchen.

Alter: ab 5 Jahren
Material: Makulaturpapier, Kreppklebeband, bunte Wolle; evtl. Butterbrottüten, Papierreste

Die Kinder sitzen mit der Werkstattleitung um einen Tisch mit einem Stapel zerrissenem Makulaturpapier herum. Sie knüllen und knautschen aus Papierstücken Würste und formen daraus die einzelnen Gliedmaßen ihres Sorgenpüppchens. So entstehen Arme, Beine, Rumpf und Kopf.
Die einzelnen Teile werden mit Kreppklebeband verbunden.
Zuletzt werden die Puppen mit verschiedenfarbigen Wollfäden bunt umwickelt.

Variante
Die Kinder bekleben Butterbrottüten mit bunten Papierstücken aus der Restekiste. So entstehen witzige Schlafsäcke für die Sorgenpüppchen.

Tanzfiguren

Hier knautschen und knüllen die Kinder Figuren in Lebensgröße und nehmen das Papier beim Tanzen mit dem ganzen Körper wahr.

Alter: ab 6 Jahren
Material: 1 Rolle Makulaturpapier, dicke Paketschnur, rhythmische Musik

Die Kinder kommen in einem Sitzkreis um eine Rolle Makulaturpapier herum zusammen. Mithilfe der Werkstattleitung reißen sie große Stücke davon ab (ca. 1,5 × 1,5 m) und formen, knüllen und knautschen ihren eigenen Körper in Lebensgröße daraus. Mit der Paketschnur binden die Kinder die Gliedmaßen ihrer Figuren ab, wobei sie sich gegenseitig unterstützen.

Die lebensgroßen Figuren werden an Schnüren unterhalb der Decke befestigt, sodass sie nebeneinander im Raum kurz über dem Boden schweben.

Zur Musik bewegen sich die Kinder zwischen den großen Figuren hindurch. Dabei beobachten sie zunächst die Bewegungen, die durch die Luftbewegungen entstehen. Scheint die Sonne in den Raum, ergeben sich außerdem interessante Schattenspiele der Figuren.

Nach kurzer Zeit nehmen die Kinder die Figuren an den Armen und tanzen mit ihnen zur Musik. Wer legt den tollsten Tanz mit seiner Figur aufs Parkett?

Schief gewickelt

Durch das Einwickeln von Gegenständen üben die Kinder nicht nur ihre Feinmotorik, sondern erkennen dabei auch, dass die Umrisse einer Form durch Verpacken undeutlicher und geheimnisvoller erscheinen.

Alter: ab 3 Jahren
Material: unterschiedliche Alltagsgegenstände (z. B. Puppen, Stofftiere, Spielzeuge, Schuhe, Sandeimer, Schaufeln, Handfeger …), Geschenk-, Pack- oder Makulaturpapier

Die Kinder sammeln Gegenstände auf einem Tisch, die sie gerne einwickeln möchten. Jeder sucht sich einen Gegenstand aus und wickelt ihn nach und nach in mehrere Schichten Papier ein. Können die anderen Kinder am Ende noch erkennen, was unter der Papierhaut versteckt ist?

Das anschließende Auswickeln erinnert an das Auspacken von Geburtstagsgeschenken und macht den Kindern mind. so viel Spaß wie das Einwickeln.

Papier-Kokon

*Schnell auf das Papier gelegt
und sich ganz schnell eingedreht,
wie die Raupe, gebt gut acht,
im Kokon ihr Schläfchen macht.*

*Bald schon sieht das anders aus
und die Raupe will heraus.
Durch Drücken, Rollen und auch Zieh'n
kann sie dem Kokon entflieh'n.*

*Seht – sie wird zu einem Falter,
und das in ihrem zarten Alter.
Der Falter flattert hin und her
zur Sonne hoch, die liebt er sehr.*

© Nicole Joiner ~ Dagmar Rücker

Papier-Kokon

Alter: ab 3 Jahren
Material: Makulaturpapier

Jedes Kind erhält ein großes Stück Makulaturpapier (ca. 2 × 2 m), das es auf den Boden legt. Es legt sich mit seinem Körper darauf und wickelt sich selbst ein, indem es eine Seite des Papiers mit den Händen festhält und sich um die eigene Achse dreht. Die Werkstattleitung liest dazu das Gedicht vor.

Am Ende wickeln sich alle Kinder wieder aus und laufen wie Schmetterlinge mit Flatterbewegungen durch den Raum.

Variante
Die Kinder wickeln gemeinsam die Werkstattleitung ein – und haben jede Menge Spaß dabei!

Gespenster

Gespenster sind für Kinder ebenso faszinierende wie gruselige Fantasiewesen. Hier knautschen und wickeln sie sich die neueste Gespenstermode zurecht: von Gruselturbanen über Furchthosen oder Raschelumhänge ist alles dabei!

Alter: ab 5 Jahren
Material: eine Rolle Makulaturpapier, mehrere Rollen Kreppklebeband

Die Kinder reißen von den Makulaturpapierrollen große Stücke ab. Sie wickeln sich selbst darin ein oder helfen sich gegenseitig beim Einwickeln. Sie verknautschen sich überlappende Papierenden ineinander und sichern die Gespenstergewänder mithilfe der Werkstattleitung mit Kreppklebeband ab.
Natürlich wird auch der Kopf mit einem Gespenster-Knautschhut, einer Geistermütze oder einem kunstvoll gewickelten Gruselturban bedeckt.
So verwandeln sich die Kinder nach und nach in Papiergespenster und spuken gemeinsam durch die Räme!

Wickeltiere

Wir knautschen und wickeln Papier und – schwuppdiwupp – wie von Zauberhand entsteht daraus ein Tier.

Alter: ab 4 Jahren
Material: Zeitungs-, Pack- oder Makulaturpapier, Kreppklebeband, Papierreste

Die Kinder formen durch Knautschen und Wickeln aus Makulaturpapier eine Tierform. Das Kreppklebeband nehmen sie zum Fixieren zu Hilfe.
Sind die Kinder mit ihrer Form zufrieden, umwickeln sie den ganzen Tierkörper mit Kreppklebeband und drücken es fest an, sodass der ganze Körper bedeckt ist.
Anschließend bekleben sie den Körper mit vielen bunten Papierresten.
Alle Kinder kommen mit ihren fertigen Werken im Kreis zusammen und zeigen sich gegenseitig ihre Wickeltiere: Da sind Käfer und Igel entstanden, schlafende Schafe oder Glitzerfische …

Kribbel-Krabbel-Käfer

Die naturwissenschaftliche Zeichnerin Cornelia Hesse-Honegger hat mit ihren Käferaquarellen die beeindruckende Vielfalt der Käferwelt und den Reichtum an Formen und Farben auch für das bloße Augen sichtbar gemacht. Die Kinder nehmen die Bilder als Anlass für eine eigene Käfer-Knautsch-Figur.

Alter: ab 5 Jahren
Material: Zeichnungen von Cornelia Hesse-Honegger (z. B. **www.wissenskunst.ch**), Zeitungs- oder Makulaturpapier, breites braunes Kreppklebeband, Papierrestekiste mit Gold- und Silberpapier, Velourspapier in verschiedenen Farben, selbstklebende Glitzerfolie, Pfeifenputzer

Die Kinder schauen sich mit der Werkstattleitung zusammen die Käferbilder an und betrachten genau die einzelnen Details.
Durch Knautschen und Wickeln formen die Kinder aus Zeitungspapier einen Käferkörper. Als Richtgröße gilt: Der Körper sollte mind. dreimal so groß wie die Faust des Kindes sein. Zum Fixieren nehmen sie Kreppklebeband zu Hilfe.
Sind die Kinder mit ihrer Form zufrieden, umwickeln sie den ganzen Käferkörper mit dem Kreppklebeband und drücken es ganz fest an.
Anschließend bekleben sie den Käferkörper mit vielen bunten und schillernden Papierresten und kleben außerdem Augen auf. Die Flügel schneiden sie aus Velourspapier; für die Beine und Fühler eignen sich Pfeifenputzer.
Zum Abschluss geben alle kleinen KünstlerInnen ihrem Käfer einen Namen.

Reißen, schneiden & kleben

Reißen, schneiden und kleben sind die alltäglichsten und häufigsten Techniken im Umgang mit Papier. Die Kinder erleben die Faszination, etwas lustvoll in Teile zu zerlegen und zu „zerstören", ohne dass am Ende etwas Neues daraus entstehen muss. Daneben macht es gleichermaßen Spaß, die einzelnen Teile nach eigenen Ideen wieder zusammenzufügen oder umzufunktionieren.

Schneegestöber

Alter: ab 3 Jahren
Material: Makulaturpapier

Die Kinder reißen von einer Makulaturpapierrolle einige Stücke ab und legen sie in den Sitzkreis. Diese Stücke werden von allen in viele kleine Schnipsel gerissen.
Hat sich in der Mitte des Kreises ein großer Haufen Schnipsel gesammelt, werfen die Kinder die Schnipsel in die Luft, pusten sie an und fangen sie mit dem Gesicht, dem Handrücken, mit Armen, Beinen, Bauch oder Füßen auf. Die Werkstattleitung liest dazu das Gedicht vor, während um sie herum ein regelrechtes Schneegestöber entsteht.

Schneegestöber

Kleine Flocke, zart und weiß,
fliegt im Wind so schwebend leicht,
puste ich dich sachte an,
fliegst du zu meinem Nebenmann.

© Nicole Joiner

Papier-Collage

Bei einer Papier-Collage in der Bildenden Kunst werden Stücke aus Papier auf eine feste Grundfläche geklebt. So entsteht aus kleinen Elementen ein neues Ganzes. Dabei sind beschriftete Papierstücke wie Etiketten oder Zeitungsausschnitte ebenso verwendbar wie jede andere Art von Papier.

Die Collagen-Technik wurde von den Künstlern George Braque und Pablo Picasso eingeführt und ebenfalls von den Kubisten und Futuristen eingesetzt. Die Dadaisten und Surrealisten entwickelten die Foto-Collage.
Die Umkehrung der Collage ist die Décollage. Bei dieser Technik werden zuvor aufgeklebte Flächen teilweise wieder von der Bildfläche heruntergerissen.

Schnipsel-Teller

Ritsche, ratsche, klein gemacht und in den Pappteller gepappt ...

Alter: ab 3 Jahren
Material: Bunt-, Transparent-, Pack- und Zeitungspapier, 1 Pappteller pro Kind, Tapetenkleister, Wolle

Aus einem Haufen Papier suchen sich die Kinder einzelne Papierreste heraus und zerreißen sie in lauter kleine Schnipsel.
Diese Schnipsel klebt jedes Kind bunt durcheinander auf einen Pappteller.
Die Werkstattleitung stanzt ein Loch in den Rand des Papptellers, durch das die Kinder ein Stück Wolle fädeln. Daran werden die Objekte nach dem Trocknen aufgehängt.

Schnipsel-Collage

Hier sammeln die Kinder erste Erfahrungen mit der Technik „Collage" und trainieren ihre Feinmotorik beim Schneiden.

Alter: ab 3 Jahren
Material: 2 Bögen buntes Papier pro Kind

Jedes Kind sucht sich zwei Bögen Papier in unterschiedlichen Farben aus. Einen Bogen zerschneidet es in viele Kleinteile, die gesammelt werden.
Ist der Bogen vollständig zerschnitten, werden die Schnipsel auf den zweiten Bogen geklebt. So entstehen einfache Collagen, die sich auf zwei Farben beschränken.

Farbnester

Bald wird es wieder Winter. Familie Feldhamster muss sich auch in diesem Jahr ein kuscheliges, warmes Nest bauen. Aber diesmal soll es etwas anders aussehen: Farbe soll in die Winterbehausung einziehen – aber welche? Gelb, Grün, Blau oder gar Rot? Die Hamster machen sich auf die Suche nach bunten Schnipseln …

Alter: ab 4 Jahren
Material: 1 Bogen weißes Malpapier pro Kind, Bunt- oder Wachsmalstifte, Papierreste

Die Kinder entscheiden sich für eine Farbe und malen mit Wachsmalstiften den Umriss ihres Feldhamsternestes auf einen Bogen Papier.

Sie suchen sich einige zu ihrem Nest farblich passende Papierreste und reißen oder schneiden sie in kleine Teile. Diese kleben sie in ihr Farbnest und gestalten es damit farbig und kuschelig aus. Jetzt kann der Winter kommen!

Hinweis: Feldhamster stehen auf der Liste der gefährdeten Tierarten und sind nur noch an wenigen Plätzen in Mitteleuropa anzutreffen. Information hierzu gibt es z. B. unter **www.feldhamster.de**

Kisten-Schnipselei

Ene, mene, miste, 'nen Schnipsel in die Kiste …

Alter: ab 3 Jahren
Material: Buntpapier, 1 Kiste mit Schlitz (z. B. Kosmetiktuch-Boxen) pro Kind; evtl. Gegenstände zum Ertasten (z. B. Bauklötze, Tannenzapfen, Taschentuch …)

Die Kinder reißen zusammen das Buntpapier in Schnipsel und legen diese in die Mitte des Tischs. Jedes Kind beklebt seine Kiste mit lauter bunten Schnipseln rundherum. Zusätzlich werden einige Schnipsel als Post in die Schlitze der Kisten gesteckt.

Variante

Die Kiste lässt sich zur Tastbox umfunktionieren, indem die Kinder Gegenstände hineinlegen, die ein anderes Kind mit der Hand erfühlen muss.

Weiß auf schwarz

Auch Collagen, die nur mit Weiß und Schwarz auskommen, haben ihren Reiz.

Alter: ab 3 Jahren
Material: weiße Papierreste (Zeitung, Tapeten, Tortenspitze, Transparentpapier …), 1 Bogen schwarzer Tonkarton (50 × 70 cm) pro Kind, Tapetenkleister

Die Kinder suchen sich aus den weißen Papierresten Stücke heraus und schneiden oder reißen sie zu der gewünschten Form.
Sie arrangieren die einzelnen Teile auf dem schwarzen Tonkarton, bevor sie diese großflächig mit Tapetenkleister überziehen und auf dem Karton festkleben.
Zum Schluss überziehen die Kinder ihre ganze Arbeit mit einer dünnen Schicht Kleister, sodass eine gleichmäßigere Oberfläche entsteht.

Geschenktüten

Fantasievoll verpackte Geschenke und liebevoll ausgewähltes Geschenkpapier machen jedes Auspacken zu einem Erlebnis. In diesem Projekt gestalten die Kinder individuelle Geschenktüten, in denen sie einem besonderen Menschen etwas schenken können.

Alter: ab 4 Jahren
Material: 1 Papiertüte mit stabilen Henkeln pro Kind, Geschenkpapier, Tapetenkleister

Aus dem Berg Papiertüten wählt jedes Kind eine Tüte aus. Aus den Geschenkpapieren schneiden sie Stücke, Streifen oder Figuren aus und kleben sie auf ihre Tüte, bis diese vollständig beklebt ist. Dabei entstehen bunt-chaotische Flächen.
Zum Schluss wird die Tüte flächendeckend mit Tapetenkleister eingepinselt. Das gibt der Tüte Halt und lässt sie glänzen.

Glitzerdrache Kunibert

Hinter den hohen Tannen des Papierwaldes lebte einst ein fürchterlicher Drache. Man erzählte sich, dass er furchterregend aussehen und grässlich stinken würde. Wenn er wütend wäre, würde er Feuerbälle aus seinem Maul schleudern und ein Haus in Sekundenschnelle in Asche verwandeln. Aber niemand hatte ihn je wirklich gesehen.

Ritter Zacharius von Zettel aber wollte den Drachen mit eigenen Augen sehen. Er machte sich auf die gefährliche Reise ins Land der Pappberge und Papierwälder, um den Drachen zu besiegen. Nachdem er drei Wochen, drei Tage und drei Nächte hindurch geritten war, entdeckte er endlich eine riesige Höhle hinter den hohen Papiertannen. Etwas glitzerte im Inneren der dunklen Felsenhöhle, also schlich Zacharius von Zettel leise hinein. Und tatsächlich: Da lag der Drache gemütlich zusammengerollt in seiner Höhle! Aber was war das? Zacharius rieb sich die Augen und schaute noch einmal genauer hin: Er konnte nicht die kleinste schreckliche Kleinigkeit entdecken – im Gegenteil: Die Schuppen des Drachen glitzerten und glänzten in allen Farben des Regenbogens und seine Flügel schimmerten wie Gold und Silber. Der Drache war wunderschön. Er lächelte Zacharius freundlich an, stupste ihn zur Begrüßung vorsichtig mit seiner Schnauze und sagt mit tiefer, samtener Stimme: „Willkommen, ich bin Kunibert, der Glitzerdrache!" ...

© Nicole Joiner

Glitzerdrache Kunibert

Alter: ab 4 Jahren
Material: 1 Bogen schwarzer DIN-A3-Tonkarton pro Kind, weiße Bunt- oder Wachsmalstifte, Silber- und Goldbastelfolie mit verschiedenfarbigen Rückseiten (z. B. rot, grün, blau, violett)

Die Werkstattleitung liest die Geschichte vom Glitzerdrachen Kunibert vor. Gemeinsam denken sich die Kinder ein Ende der Geschichte aus.
Jedes Kind zeichnet mit einem weißen Stift den Umriss seines Glitzerdrachens auf einen Bogen schwarzen Tonkarton.
Die Kinder reißen aus der bereitstehenden Glitzerfolie genügend Schnipsel und kleben ihren Drachen damit aus. Der fertige Drache hat nun ein schillerndes Schuppenkleid.

Sonnensegel

Schnipsel für Schnipsel aufgeklebt entsteht ein bunter, transparenter Papierbogen.

Alter: ab 5 Jahren
Material: buntes Sortiment Strohseidenpapier, extra starke Malerabdeckfolie oder große Plastiktüten, Tapetenkleister, 2 gerade, lange Zweige pro Kind; evtl. 1 einfarbige Pappkiste pro Kind, Holz-Blumenspieße, Knetmasse

Jedes Kind sucht sich verschiedenfarbige Strohseidenpapiere aus, reißt diese in kleinere Stücke und stellt dabei seine eigene Schnipsel-Farbmischung her.
Die Kinder decken ihren Arbeitsplatz mit einem Stück Malerabdeckfolie ab. Auf dieser Folie werden die gerissenen Strohseiden mit Pinsel und Tapetenkleister übereinander zu einem großen bunten Papierbogen zusammengeleimt. Wichtig ist dabei, dass die Papierschnipsel auf beiden Seiten gut mit Tapetenkleister bestrichen werden.

Nach dem Trocknen können die Kinder die Bögen leicht von der Folie lösen. Sie reißen oder schneiden an zwei gegenüberliegenden Seiten ihres Bogens jeweils mind. zwei kleine Löcher und stecken jeweils einen Zweig hindurch, sodass ein „Sonnensegel" entsteht. Diese werden z. B. in einen Blumenkasten oder in den Sandkasten gesteckt. Die Sonnenstrahlen lassen die Farben der Sonnensegel bunt erstrahlen.

Variante

Die Kinder spießen ihre transparenten Papierbögen jeweils auf zwei Blumenspieße auf, sodass Bootssegel entstehen. Die unteren Spießenden werden in eine Pappkiste gebohrt. Damit die Stäbe in den Kisten nicht wackeln, wird der Blumenspieß im Inneren der Kiste auf dem Boden mit einer kleinen Kugel Knetmasse fixiert. Und schon ist ein flottes, buntes Segelboot entstanden – ahoi!

Pappplaneten

Um mit Kindern kreativ zu arbeiten, bieten sich als Inspirationsquelle vielfältige Themen an, mit denen sich die Kinder aktuell beschäftigen oder die sie faszinieren, z. B. das Thema Weltall.

Alter: ab 4 Jahren
Material: 2 Pappteller pro Kind, Papierreste, Schnur; evtl. blaues Papier, Pappschachteln und -röhren

Einstieg

Die Werkstattleitung macht mit den Kindern im Sitzkreis einen Raketenstart:
„Los, steigt alle in die Rakete ein. Heute machen wir eine Reise ins Weltall!
Stufe 1: Wir stampfen mit den Füßen.
Stufe 2: Wir klatschen uns auf die Schenkel.
Stufe 3: Wir klatschen in die Hände – und hui, startet die Rakete!"
Die Kinder springen auf und schweben mit ausgebreiteten Armen langsam durcheinander durch den Raum, als würden sie schwerelos durch das Weltall gleiten.

Gestaltungsaktion

Jedes Kind nimmt zwei Pappteller und klebt sie an den Rändern aufeinander, sodass dazwischen ein Hohlraum entsteht.
Aus den Papierresten suchen sich die Kinder Schnipsel und Papierstücke heraus, mit denen sie ihren Pappplaneten bekleben und gestalten.
Die fertigen Planeten werden an Schnüren zu einem Planetenmeer an der Decke aufgehängt.

Variante

Zur Dekoration kleben die Kinder blaue Papierstreifen an Schnüre und hängen diese als Himmelsblau zwischen die Planeten, sodass ein kleines Universum entsteht.
Aus kleinen Pappschachteln und -röhren entstehen Raketen, die ebenfalls collagiert und entweder zwischen die Planeten gehängt oder mit der Hand durch das Planetenmeer geflogen werden.

Streifencollage

Bei dieser Idee geht es um kreative Arbeit mit Papierstreifen. Aus verschiedenen Papieren, die in Streifen unterschiedlicher Breite geschnitten werden, entsteht eine interessante Streifencollage.

Alter: ab 3 Jahren
Material: Tapetenkleister, 1 Schälchen pro Kind, 1 Bogen Tonkarton (ca. 50 × 70 cm) pro Kind, Papierstreifen aus Tapete, Buntpapier, Tonpapier und Zeitung

Jedes Kind erhält einen Klecks Tapetenkleister in ein Schälchen und einen Tonkarton. Die Papierstreifen liegen in der Tischmitte, sodass sich jedes Kind bedienen kann.
Die Kinder verteilen den Tapetenkleister auf ihrem Karton und kleben Streifen auf. Dabei entstehen z. B. Kreuzungen, Sterne, Häufungen und vieles mehr.

Fließende Formen

Der Künstler Markus Weggenmann wurde 1953 in Singen/Hohenwiel geboren und lebt heute in Zürich und in Cumbel/Graubünden in der Schweiz. In seinen Bildern entdeckt der Betrachter knallbunte Schleifen, Fäden und Formen, die wie Fruchtkörper aussehen und an den Blick durch ein Mikroskop erinnern. Weggenmann lässt seine Entwürfe von einem spezialisierten Handwerker auf Aluminiumplatten projizieren. Mithilfe von Klebeschablonen wird der Lack partienweise aufgespritzt. Die entstehenden Bilder bieten Raum für vielerlei Assoziationen – nicht nur für die Kinder: Wurzeln verzweigen sich in der Erde, Fische legen winzige Eier an Wasserpflanzen, Pilze wachsen aus der Erde und verteilen ihre Sporen, in Blütenkelchen sitzen mikroskopisch feine Staubgefäße …

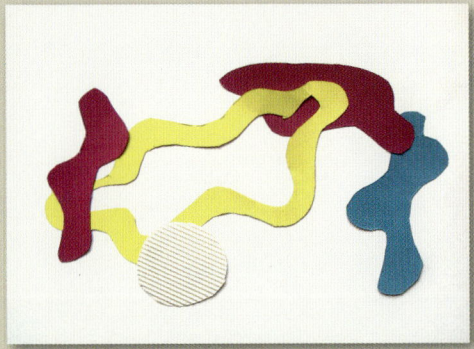  

Alter: ab 6 Jahren
Material: Bildmaterial zu Markus Weggenmann (→ Anhang S. 127 Katalog „Floating forms" oder z. B. **www.artfacts.net/de/kuenstler/markus-weggenmann-1077/kunstwerke.html**), 1 Bogen buntes DIN-A5-Tonpapier pro Kind, Bunt- oder Wachsmalstifte, 1 Bogen weißer oder bunter DIN-A3-Tonkarton pro Kind

Zusammen mit den Kindern sieht sich die Werkstattleitung Fotografien von den Arbeiten des Künstlers an. Wie wirken die Bilder auf die Kinder? Können sie konkrete Formen oder Figuren darin entdecken?
Jedes Kind erhält einen Bogen Tonpapier. Alle zeichnen darauf beliebige runde und abgerundete Formen; spitze Ecken sind hier nicht gefragt. Sie schneiden die Formen aus und ordnen sie auf dem Tonkarton an. Sie können weitere Formen ergänzen oder die Teile immer wieder anders zueinander positionieren.
Sind die Kinder mit der Anordnung zufrieden, kleben sie die Teile auf den Bogen auf. Ähneln die Ergebnisse den Künstler-Bildern oder sind ganz neue Formen entstanden? Haben die Kinder Assoziationen zu den Bildern der anderen Kinder?

Transparente Kunst

Auch der 1956 in Freiburg geborene Künstler Peter Zimmermann könnte die Anregung für seine Harzbilder bei einem Blick durch ein Mikroskop bekommen haben, z.B. von Flüssigkeiten oder sich bewegenden Schleimpilzen. Die Bilder sind transparent und lassen die unteren Farbschichten durchscheinen. Teilweise entsteht der Eindruck, durch die Schichten bis zum Grund durchsehen zu können.

Seine Bilder entwirft Zimmermann am Computer. Die Entwürfe werden mithilfe von Stanzfolien auf Leinwand übertragen. In die dabei entstehenden Zwischenräume wird mit Pigment gemischtes Epoxidharz gegossen. Die Bilder haben einen sehr langen Entstehungsprozess, da zwischen jeder Schicht lange Trocknungsphasen liegen.

Alter: ab 6 Jahren
Material: Bildmaterial zu Peter Zimmermann (→ Anhang S. 127 Katalog „Floating forms" oder z.B. **www.dirimart.org**), 1 Bogen weißes DIN-A3-Transparentpapier pro Kind, buntes Transparentpapier

Die Werkstattleitung zeigt den Kindern Fotobeispiele von Arbeiten des Künstlers und spricht mit ihnen über die interessante transparente Wirkung. Inspiriert durch die Bilder reißen oder schneiden die Kinder aus dem Transparentpapier Formen aus. Diese Teile werden auf dem weißen Transparentpapier arrangiert. Die Kinder beobachten dabei, wie sich die Farben verändern, wenn sich Transparentpapierstücke bei der Collage überschneiden.

Zum Schluss kleben die Kinder alles auf den weißen Bogen auf und schneiden die Ränder der Arbeit gerade.

Fühlbilder aus Wellpappe

Papier hat meist eine glatte Oberfläche. Bei Spezial-, Fein- oder Bastelwellpappe ist das anders. Die Wellenstruktur ermöglicht es uns, das Bild nicht nur zu sehen, sondern auch zu erfühlen. Bastelwellpappe hat außerdem die Besonderheit, dass sie auf der Rückseite glatt ist. Das vereinfacht vielfältiges Biegen und Knicken und gibt die Möglichkeit, zusätzliche dreidimensionale Akzente zu setzen.

Alter: ab 5 Jahren
Material: 1 Bogen DIN-A3-Bastelwellpappe pro Kind (verschiedene Farben), bunte Wellpappenreste, Büroklammern

Jedes Kind erhält einen Bogen farbige Bastelwellpappe. Alle schneiden aus Wellpappenresten Formen aus und kleben diese neben- oder übereinander als Collage auf den Bogen. Dabei setzen sie auch die glatte Rückseite der Wellpappe ein. Außerdem sind Knicken, Rollen oder auch Einschneiden des Materials erlaubt, sodass Durchblicke entstehen. Büroklammern helfen z.B. beim Zusammenkleben von Rollen oder Ringen.

Am Ende wird eine Bildbetrachtung mit geschlossenen Augen veranstaltet: Alle Kinder sitzen im Kreis und haben ihr Fühlbild vor sich liegen. Mit geschlossenen Augen ertastet jeder das Bild. Auf ein akustisches Signal der Werkstattleitung hin werden die Bilder an den linken Nachbarn weitergegeben und erneut gefühlt – bis jeder wieder sein eigenes Bild in den Händen hält.

Papier-Mosaik

Das Wort „Mosaik" leitet sich von dem arabischen „musauik" ab, das „geschmückt" bedeutet. In der Kunst wird mit dem Begriff eine antike Technik bezeichnet. Sie kam im frühen Mittelalter durch die Mauren über Spanien in die europäische Kultur und ist vermutlich schon 6000 Jahren alt. Die Sumerer schmückten schon damals die Mauern ihrer Tempel und Paläste mit Stäbchen aus buntem, gebranntem Ton, die beim Bau in den noch feuchten Lehmputz gedrückt wurden. Auch die Griechen und Römer haben vor allem ihre Fußböden und Wände mit Mosaiken gestaltet, indem sie mit kleinen Steinen, Glas- oder Tonscherben ganze Flächen mit Mustern und Bildern wie ein Puzzle ausgelegt haben. Die dabei entstandenen Fugen wurden anschließend mit Mörtel gefüllt.

Alter: ab 4 Jahren
Material: Papierstreifen in unterschiedlicher Breite und Farbe, 1 Bogen DIN-A3-Tonkarton pro Kind (verschiedene Farben); evtl. Farbmusterkärtchen aus dem Baumarkt

Die Kinder suchen sich einige Papierstreifen aus, mit denen sie ihr Mosaik gestalten möchten.
Sie schneiden die Streifen in kleine Quadrate und Rechtecke.
Diese ordnen sie auf einem Bogen Tonpapier zu einem Mosaik an.
Sie kleben die Formen so auf, dass zwischen den einzelnen Teilen ein möglichst gleich großer Abstand, eine Fuge, entsteht. So erhält die Collage ihren ungewöhnlichen Mosaikcharakter.

Variante

Kinder **ab 6 Jahren** schneiden die einzelnen Farbfelder von Farbmusterkärtchen genau aus und legen mit diesen ein Mosaik auf ihren Tonpapierbogen. Auch hier achten sie beim Fixieren auf den Fugenabstand.
Im Unterschied zu den bunten Tonpapierstreifen haben die Kinder hier eine Vielzahl an Farbnuancen zur Verfügung, wobei jede Farbe nur einmal als Plättchen vertreten ist.

> **Scherenschnitt**
>
> Der Scherenschnitt ist eine alte Volkskunst und kommt ursprünglich aus Nordchina. In Deutschland wurde er zu Lebzeiten von Goethe und weiterhin im 19. Jahrhundert beliebt. Auch heute gibt es KünstlerInnen, die diese Technik einsetzen. Dabei wird ein Motiv aus einfarbigem Papier mit einer Schere oder einem Schneidemesser herausgeschnitten. Ein heller Scherenschnitt wird auf ein dunkles Papier geklebt, ein dunkler auf ein helles Papier, damit ein möglichst starker Kontrast entsteht.

Schatten-Objekte

Hier entdecken die Kinder, wie sich der Schatten eines Objekts von dem Objekt selbst unterscheidet – und was beide verbindet. Lässt sich anhand eines Schattens auch erraten, zu welchem Objekt er gehört?

Alter: ab 4 Jahren
Material: schwarze und weiße Tonpapierbögen, starke Lampe; evtl. bunte Papierschnipsel

Die Kinder suchen im Raum nach Gegenständen, die sich für einen Schattenschnitt eignen, z. B.: Besteck, eine Schere, ein Schuh, Stofftiere, Spielzeugautos etc.
Ein Bogen weißes Tonpapier wird mit Kreppklebeband an eine freie Wandfläche geklebt. Ein Kind hält mit einigem Abstand davor einen der Gegenstände. Ein zweites Kind beleuchtet den Gegenstand mit der Lampe, sodass sein Schatten auf dem Papier an der Wand abgebildet wird.
Die Kinder oder die Werkstattleitung zeichnen die Schattenlinie mit einem Buntstift nach.
Sie schneiden den Schatten aus und kleben ihn auf das schwarze Tonpapier, wo er einen starken Kontrast bildet und seine Umrisse gut zu erkennen sind.

Sind alle Objekte fertig, kommen die Kinder damit im Kreis zusammen: Können alle erraten, welcher Schatten zu welchem Gegenstand gehört?

Varianten
- Die Schattenumrisse werden nicht ausgeschnitten, sondern mit bunten Papierschnipseln ausgeklebt.
- **Kinder ab 6 Jahren** formen Schattenfiguren mit ihren Händen, z. B. einen Vogel, einen Hasen, einen Hund, einen Schmetterling, eine Schnecke oder einen Schwan. Auch hier werden die entstandenen Schatten ausgeschnitten und auf ein schwarzes Tonpapier geklebt.

Hand-Schatten-Collage

Unsere Hände sind die Körperteile, die all die Tätigkeiten rund um das Papier wie Schneiden, Reißen, Falten und Knautschen ermöglichen. Die Hand-Collage richtet den Fokus auf diese wichtigen Werkzeuge.

Alter: ab 4 Jahren
Material: 1 farbiger Bogen DIN-A5-Tonpapier und 1 schwarzer Bogen DIN-A3-Tonkarton pro Kind; evtl. Fingerfarben

Die Kinder suchen sich einen Bogen Tonpapier aus, legen eine Hand darauf und zeichnen den Umriss mit der anderen Hand mit einem Bleistift nach.
Die umfahrene Hand wird ausgeschnitten und zur Seite gelegt. Auf diese Weise gestalten die Kinder weitere Hände, entweder mit ihrer rechten oder ihrer linken Hand.
Alle fertigen Teile ordnen sie auf einem schwarzen Tonkartonbogen an. Sie schieben die ausgeschnittenen Hände so lange hin und her, bis ihnen ihre Anordnung gefällt, und kleben sie dann auf.

Variante
Die Kinder färben zum Schluss mit einem Pinsel eine Handfläche mit Fingermalfarbe ein und drucken diese nach Belieben auf ihrer Handcollage ab.

Scherenschnitt-Collage

Aus der klassischen Form des beliebten Scherenschnitts entstehen hier in Kombination mit der Collagentechnik auf verblüffend einfache Weise beeindruckende Werke.

Alter: ab 6 Jahren
Material: je 1 farbiger, 1 weißer und 1 grauer oder brauner Bogen DIN-A3-Tonpapier pro Kind, starke Lampe, Kataloge und Zeitschriften mit Abbildungen von Köpfen und Schmuck,
1 schwarzer DIN-A3-Tonkartonbogen pro Kind

Jedes Kind sucht sich einen farbigen Tonpapierbogen aus und befestigt ihn mit Kreppklebeband an einer Wand oder einer Tür.
Die Kinder stellen sich jeweils im Profil vor ihren Bogen und werden so mit der Lampe angeleuchtet, dass der Schatten ihres Gesichts im Profil auf den Bogen fällt. Ein anderes Kind zeichnet mit einem Bleistift den Umriss des Schattens auf dem Tonpapier an der Wand nach.
Jedes Kind schneidet seinen eigenen Kopf aus, legt ihn auf einen weißen Bogen und umfährt ihn wiederum mit dem Bleistift. Auch dieser Umriss wird ausgeschnitten, sodass ein zweiter identischer Schatten entsteht.
Für die Schatten ihrer Hände und Arme suchen sich die Kinder einen Tonpapierbogen in grau oder braun aus. Sie legen nacheinander die rechte und die linke Hand mit einem Teil ihres Unterarms auf den Bogen und zeichnen die Umrisse mit dem Bleistift nach. Sie schneiden die Handschatten aus und legen diese beiseite.
Aus Katalogen und Zeitschriften schneiden die Kinder beliebige Köpfe aus und bekleben damit den weißen Schattenkopf. Außerdem schneiden sie aus den Katalogen Schmuckstücke aus und schmücken damit ihre Handschatten. Überstehendes Papier der aufgeklebten Elemente schneiden sie von Kopf und Händen ab, sodass die ursprünglichen Schattenumrisse wieder komplett zu sehen sind.
Jedes Kind ordnet beide Kopf- und Handschatten auf einem schwarzen Tonkartonbogen an und klebt sie fest.

Falten & weben

Durch Falten und Weben verwandelt sich Papier in neue Formen und bekommt ein verändertes Erscheinungsbild. Wo beim Falten ein einzelnes Papier verändert wird, entsteht beim Weben aus mehreren Papierstücken ein neues Ganzes. Die Techniken Falten und Weben fördern nicht nur die Feinmotorik und die Konzentrationsfähigkeit, sondern fordern mit offenen, prozessorientierten Angeboten auch die kindliche Kreativität heraus.

Faltexperimente

Ohne Themen- oder Ergebnisvorgaben machen die Kinder hier erste Erfahrungen mit Faltungen.

Alter: ab 3 Jahren
Material: weißes Kopierpapier, Makulaturpapier

In der Mitte des Sitzkreises liegen einige Bögen weißes Kopierpapier und Makulaturpapierstücke. Die Kinder experimentieren frei mit unterschiedlichen Faltungen, die sie sich selbst ausdenken. Dabei knicken sie die Papierstücke in alle Richtungen und streichen die Faltkanten mit den Fingern glatt. So lässt sich das Papier verkleinern oder zu Formen legen und nach dem Aufklappen lassen sich die entstandenen Muster betrachten.
Die Faltungsideen einzelner Kinder werden gemeinsam im Kreis begutachtet und ausgetauscht. Wer kann so ein tolles Muster wie David falten oder wie Maja so viele Falten nebeneinander machen?

Ein Knick im Streifen

Aus lauter bunten Papierstreifen entstehen spannende plastische Gebilde.

Alter: ab 3 Jahren
Material: Papierstreifen in unterschiedlichen Breiten, Stärken und Farben

Die Kinder sitzen mit der Werkstattleitung um einen Haufen Papierstreifen herum. Sie nehmen sich einige der Streifen, betrachten sie und experimentieren damit. Was können sie mit einem oder mehreren Streifen Papier machen? Knicken, aufrollen,

Treppen, Hexentreppe, Ziehharmonika ... Was funktioniert gut mit breiten oder dicken Streifen, was geht besser mit schmalen oder dünnen? Lassen sich auch mehrere Streifen durch Ineinanderfalten verbinden?
Ideen einzelner Kinder werden von der Werkstattleitung aufgegriffen und von allen Kindern nachgearbeitet.

Falt-Allerlei

Es ist gar nicht so leicht, glatte, scharfe Faltkanten zu erhalten. Hier üben die Kinder diesen Vorgang spielerisch und entdecken dabei, wie das Papierstück seine Form verwandelt und durch Falten sogar in den Raum wächst.

Alter: ab 4 Jahren
Material: Faltpapier in unterschiedlichen Farben, Formen und Größen, 1 Bogen farbiges DIN-A3-Tonpapier pro Kind

Faltpapiere in unterschiedlichen Farben, Formen und Größen werden in der Mitte des Tischs bereitgelegt. Alle Kinder suchen sich einen Bogen Tonpapier in einer gewünschten Farbe aus und legen ihn vor sich ab.
Aus beliebigen Faltblättern falten die Kinder verschiedene Objekte. Je schärfer die Faltkanten, desto stabiler sind die Gebilde.
Die entstandenen Faltwerke kleben sie auf ihr Tonpapier – ganz nach Belieben nebeneinander oder sogar übereinander, sodass interessante dreidimensionale Kunstwerke entstehen!

Variante

Oftmals erzählen Kinder zu ihren Kunstobjekten Geschichten, die beschreiben, was sie in ihren Arbeiten sehen.
Kinder **ab 6 Jahren** denken sich in Kleingruppen eine kurze Bildergeschichte aus und stellen sie durch Faltobjekte dar. Jedes Kind faltet dazu ein oder mehrere Bilder. Am Ende erzählen sich die Kleingruppen gegenseitig ihre Geschichten und präsentieren dazu die Faltobjekte.

Origami

Als „Origami" wird die traditionelle japanische Kunst des Papierfaltens bezeichnet. Dabei wird bewusst auf den Einsatz von Schere und Klebstoff verzichtet. Durch spezielle Faltungen von quadratischen, rechteckigen oder runden Papieren entstehen zwei- bzw. dreidimensionale Figuren, Tiere oder geometrische Körper.

Diese Technik eignet sich bei der Arbeit mit Kindern nicht nur zum Falten von vorgegebenen Fliegern, Tieren, Blumen, Schachteln oder Tüten, sondern mit gefalteten Gebilden lassen sich auch reizvolle und farbenfrohe abstrakte Collagen gestalten.

Alter: ab 5 Jahren
Material: 1 farbiger Bogen DIN-A3-Tonkarton pro Kind; farbige Origami-Faltpapiere in verschiedenen Größen und Formen; evtl. 3 farbige Bögen DIN-A4-Tonkarton pro Kind

Jedes Kind sucht sich einen Tonkartonbogen aus und legt ihn auf seinem Arbeitsplatz bereit. Mit den Origami-Faltpapieren probieren die Kinder beliebige Faltungen aus.

Aus den entstandenen Objekten suchen sie sich eine Form aus und fertigen davon viele Zwillingsstücke an.

Auf einem Tonkartonbogen ordnen die Kinder ihre Teile zu einer Reihe, Anhäufung oder Streuung an. Haben sie sich für eine Anordnung entschieden, kleben sie die Teile auf. Formen, die sich dazu eignen, können auch übereinander geklebt werden.

Variante

Um die Themen „Anhäufung", „Streuung" und „Reihung" noch expliziter zu behandeln, erstellen Kinder **ab 7 Jahren** drei Tonkartons mit vielen identischen Faltungen jeweils zu einem der drei Themen.

Zwillings-Origami

Die Kinder erstellen durch freies Experimentieren mit Origami-Papieren eine eigene Faltvorlage, die sie viele Male nachfalten und daraus Streu-, Häufungs- oder Reihungsbilder gestalten.

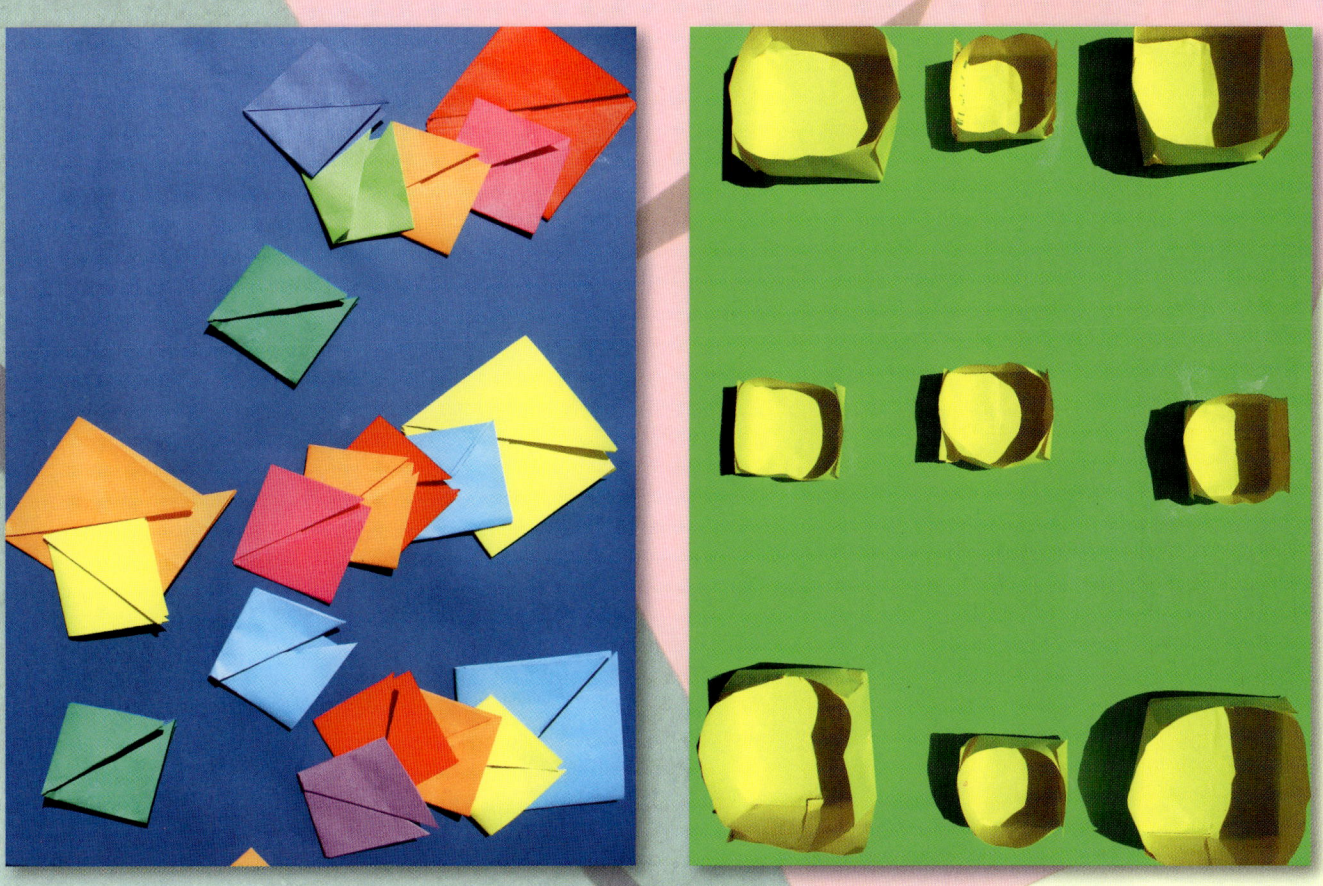

Windspiel

Die bunten Origami-Papiere machen Lust auf ein farbenfrohes Falt-Windspiel.

Alter: ab 5 Jahren
Material: Origami-Faltpapiere in unterschiedlichen Farben, Formen und Größen, 1 fester Pappstreifen (5 × 70 cm) pro Kind, Wickeldraht

Aus den bunten Origami-Papieren falten die Kinder mehrere Teile für ihr Windspiel.
Mit einem Locher stanzen sie jeweils ein Loch in jedes ihrer Faltteile und viele Löcher in den Pappstreifen.
Sie legen den Streifen zu einem Ring und tackern die sich überlappenden Enden zusammen.
Mit langen und kurzen Drahtstücken befestigen die Kinder alle Faltteile an dem Papierring, sodass ein lustiges Windspiel entsteht, das an einer langen Drahtschlaufe in den Wind gehängt wird.

Treppen-Wirrwarr

Der niederländische Künstler Maurits Cornelis Escher (1898–1972) hat sich in verschiedenen seiner Arbeiten mit dem Thema Treppen beschäftigt, z. B. in der Lithografie „Treppenhaus" von 1951, der Lithografie „Relativität" von 1953 und dem Holzschnitt „Vielflächenplanetoid" von 1954. Er hat hier wahnwitzige Treppenkonstruktionen dargestellt, die im ersten Moment real erscheinen, sich aber bei genauerem Hinsehen als optische Täuschung erweisen.

Alter: ab 5 Jahren
Material: Foto- oder Postermaterial von M. C. Escher (z. B. **www.mcescher.com**), weiße Tonpapierstreifen in verschiedenen Breiten, 1 Schuhkarton (ohne Deckel) pro Kind

Die Kinder betrachten gemeinsam mit der Werkstattleitung Foto- oder Posterabbildungen der Arbeiten von Escher. Wie wirken die Treppenkonstrukte auf die Kinder? Können sie einige der

Treppenauf- und -abgänge mit dem Finger verfolgen? Wie sind sie genau gestaltet und wohin führen sie?

Aus den Tonpapierstreifen falten die Kinder viele breite, dünne, lange und kurze Treppen, die sie in einem Schuhkarton und darum herum zu einem Treppen-Wirrwarr zusammenkleben. Eine Außenfläche lassen sie dabei frei zum Aufstellen oder -hängen.

Zauberkästen

Hier werden aus hässlichen Zigarillo- oder Zigarrenkisten bunte, kleine Zauberkästen. Das Besondere daran ist, dass sie von jeder Seite aus zu betrachten sind: Egal ob geschlossen, aufgeklappt, hochkant oder quer, von vorne oder von hinten, aufgestellt oder aufgehängt – wie durch Zauberhand sehen sie in jeder Position interessant und immer wieder anders aus!

Alter: ab 4 Jahren
Material: farbiges Ton- und Origamipapier in verschiedenen Formen und Größen, 1 Zigarillo- oder Zigarrenkiste pro Kind, Papierreste

Die Kinder probieren mit den bunten Papieren verschiedene Faltungen aus.

Jedes Kind erhält eine Zigarillokiste, die es mit seinen beim Ausprobieren entstandenen Faltteilen schmückt: Es beklebt die Kiste von innen, von außen oder lässt z. B. Treppenfaltungen aus dem Inneren der Kiste herausquellen … Fertig ist das Zauberkästchen!

Weben

Weben ist eine der ältesten Handwerkstechniken der Menschheit, mit der textile Arbeiten, z. B. Teppiche, Decken oder Stoffe für Kleidung, hergestellt werden. Beim Weben entsteht durch regelmäßiges Verkreuzen von senkrechten und waagrechten Fäden ein Flächengebilde.

Auch Papier kann zu Flächen gewebt werden, z. B. für Tapeten, in denen Papierstreifen vertikal und horizontal rechtwinklig gekreuzt verarbeitet werden.

Kreuz und quer

Mit Papierstreifen weben – geht denn das? Na klar – flinke Kinderhände schaffen im Nu kreuz und quer ein kunterbuntes Durcheinander.

Alter: ab 5 Jahren
Material: 1 Stück dicke DIN-A3-Wellpappe pro Kind (Verpackungsmaterial aus dem Altpapier), Papierstreifen aus Tonpapier in verschiedenen Farben; evtl. rundes und rechteckiges farbiges Faltpapier

Die Kinder zeichnen ein Rechteck mit einem 3 cm breiten Abstand zum Rand auf ein Stück Wellpappe und schneiden es mithilfe der Werkstattleitung mit einem Cutter heraus.

Mit den Papierstreifen weben sie ein Muster in den Rahmen, indem sie einige Streifen längs und quer von Rand zu Rand legen und die Streifenenden auf dem Rahmen der Pappe mit Klebstoff fixieren.

Dazwischen weben sie weitere Streifen ein und fixieren diese ebenfalls. Es ist reizvoll, wenn dabei zwischen den Streifen Lücken entstehen.

Am Ende drehen sie ihr Werk herum und halten ein gerahmtes Papier-Webbild in den Händen.

Variante

Die Kinder bekleben ein Faltpapier mit bunten Papierstreifen. Diese gestaltete Streifenform wird zusätzlich auf der Vorderseite in das Streifenbild eingearbeitet, sodass interessante Effekte entstehen.

Webbilder

Hier werden die klassischen Webregeln über Bord geworfen und die Kinder arbeiten individuell nach eigenen Ideen. So entstehen fantastische Webkunstwerke.

Alter: ab 4 Jahren
Material: 1 Bogen weißes DIN-A2-Malpapier pro Kind, Wassermalfarben

Jedes Kind erhält einen großen Bogen Papier und bemalt diesen mit den Wassermalfarben vollständig mit Streifen. Dabei spielt es keine Rolle, ob die Streifen horizontal, vertikal oder diagonal aufgemalt werden. Auch die Breite und Regelmäßigkeit sind unwichtig.
Nach dem Trocknen faltet jedes Kind sein Bild in der Mitte einmal zusammen und wieder auseinander und zerschneidet es entlang der Faltlinie in zwei Teile.
Die eine Hälfte wird auf der Rückseite mit einem Bleistift in viele Streifen mit unterschiedlicher Breite und Länge eingeteilt – und zwar unabhängig von den gemalten Streifen. Entlang der Bleistiftlinien zerschneiden die Kinder die Blatthälfte in viele Streifen.
Die zweite Hälfte wird das Flechtblatt. Dazu machen die Kinder mithilfe der Werkstattleitung mit einem Cutter lange Schlitze zum Weben, die sie ebenfalls zuvor auf der Rückseite einzeichnen. Die Schlitze können von unterschiedlicher Länge sein und müssen nicht den gleichen Abstand zueinander haben.
Die bunten Papierstreifen werden kreuz und quer in das Flechtblatt eingewebt. Sie können sich kreuzen, aufeinander liegen oder Loopings bilden …

Ins Netz gegangen

Bei dieser Aktion gestalten alle Kinder einer Gruppe eine Wandinstallation, die durch das Zusammenarbeiten vieler kleiner Hände zu einem großen Kunstwerk wird.

Alter: ab 3 Jahren
Material: Dekorationsnetz (s. Kindergartenkataloge), bunte Papierstreifen, Toilettenpapier, buntes Krepppapier

Die Werkstattleitung befestigt das Dekorationsnetz an einer Wand, sodass es sich auf Augenhöhe der Kinder befindet. Die Kinder weben und fädeln bunte Papierstreifen, Toilettenpapier und Krepppapier nach Lust und Laune ins Netzgeflecht – ob kreuz und quer, gerade oder schief, mit Knoten oder kleinem Riss: Hier gibt es keine Regeln!
So entsteht eine ungewöhnliche Wandinstallation, die jederzeit verändert, erweitert oder auch mit anderen Materialien thematisch neu gestaltet werden kann.

Drahtweberei

Hinter diesem Draht versteckt sich kein Hase – dafür aber kriechen dicke Papierwürmer durch die Maschen …

Alter: ab 4 Jahren
Material: 1 Rolle Hasendraht, Makulaturpapier, Fingermalfarben

Die Kinder erhalten je ein Stück Hasendraht in der Größe 40 × 40 cm. Die spitzen Enden der Schnittkanten werden nach innen gebogen und verdreht. Die Kinder reißen das Makulaturpapier in Streifen und knautschen diese zu langen Würsten.
Diese Papierwürste weben und fädeln sie wie Würmer in das Drahtstück ein.
Zum Schluss bemalen die Kinder den Draht und die Papierwürmer mit Fingermalfarben. Was kriecht und ringelt sich hier am Ende alles?

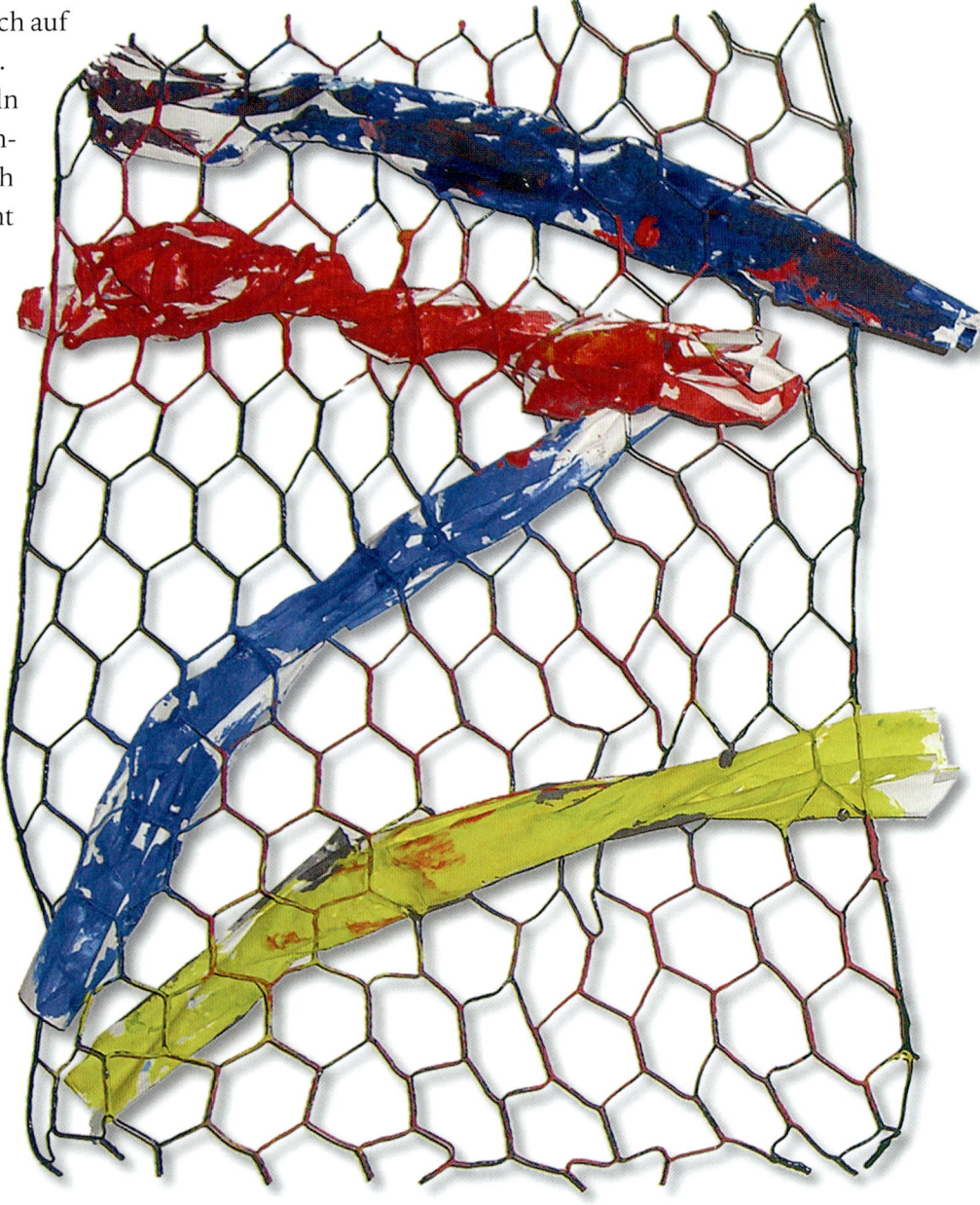

Papier-Teppich

Statt Draht, Netz oder Papier dient hier Wolle als Webträger, die mit schwarz-weißen Papierstreifen zu einem schicken Teppich durchwirkt wird.

Alter: ab 5 Jahren
Material: 1 Bogen DIN-A3-Wellpappe (Verpackungsmaterial) pro Kind, Wolle, Kreppklebeband, schwarze und weiße Papierstreifen; evtl. Temperafarben

Jedes Kind erhält einen Bogen Wellpappe und wickelt die Fäden eines Wollknäuels straff darum herum. Die Enden werden mit Kreppklebeband auf der Rückseite fixiert.
Die Kinder weben schwarze und weiße Papierstreifen in die gespannten Wollfäden ein. Im Nu entstehen daraus kleine Papier-Teppiche.

Variante
Im Sommer lässt sich der Papier-Teppich im Außengelände mit bunten Temperafarben herrlich bespritzen. Hierzu mischen die Kinder die Temperafarben mit Wasser an und spritzen mit den Händen oder einem Pinsel bunte Farbkleckse auf ihren Teppich.

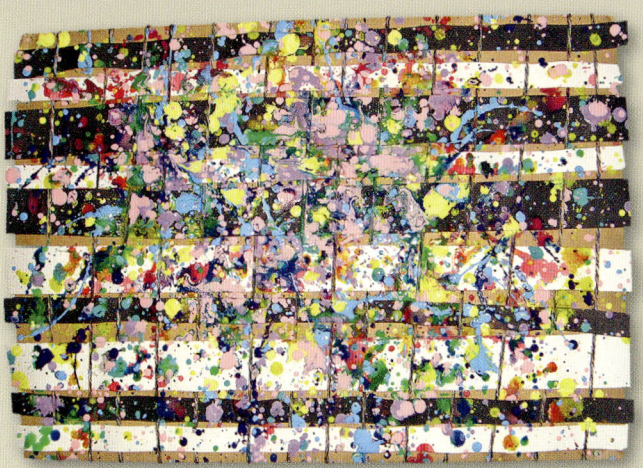

Stechen & fädeln

Stechen und Fädeln stehen in direktem Zusammenhang – wo kein Loch vorhanden ist, kann auch nicht gefädelt werden! Prickellöcher alleine entwickeln auf einem Papier spannende Oberflächenstrukturen und ermöglichen es den Kindern, geprickelte Formen aus einem Papierbogen herauszutrennen. Schon die ganz Kleinen können durch Stechen Papier verändern, noch bevor sie in der Lage sind, mit einer Schere umzugehen.

Die Technik des Fädelns wiederum fördert Feinmotorik und Konzentration, wenn Papiere oder Pappelemente genau an der passenden Stelle auf einen Holzstab aufgespießt oder hintereinander auf einen Faden aufgezogen werden sollen. Auch mit diesen beiden Techniken lässt es sich frei gestalten und ideenreich arbeiten.

Prickeln

Prickeln, auch „Zierstechen" genannt, ist eine Perforiertechnik, bei der mit einer spitzen Nadel, der Prickelnadel, entlang vorgezeichneter Linien kleine Löcher gestochen werden. Als Material eignen sich verschiedenartige Papiere oder dünne Pappen; als Arbeitsunterlage dient eine dicke Filzmatte. Werden die kleinen Löcher sehr eng gesetzt, lässt sich das innere Papierteil hinterher leicht heraustrennen.

Experimente mit der Prickelnadel

Kinder lieben es, Spuren auf Materialien zu hinterlassen. Mit dieser beliebten Technik üben sie auf andere Weise als z. B. beim Schneiden ihre Feinmotorik.

Alter: ab 3 Jahren
Material: buntes Tonpapier, 1 Prickelnadel und 1 Filzunterlage pro Kind

Die Kinder experimentieren mit der Prickelnadel auf buntem Tonpapier: Sie stechen z. B. Löcher wild durcheinander oder bilden beim Stechen Linien, Reihen, Muster, Formen oder Figuren.
Halten die Kinder die Papierstücke mit den Prickellöchern anschließend gegen das Licht, entdecken sie, dass die Löcher Licht durchscheinen lassen.
Haben die Kinder eine geschlossene Form mit eng aneinanderliegenden Löchern umstochen, lässt sich diese auch komplett heraustrennen.

Knabberlöcher

Welche freche Maus hat denn da an unseren Sachen geknabbert? Sie hat doch tatsächlich kleine Löcher in unseren Käse gefressen und sich durch das neue Schulheft geknabbert ...

Alter: ab 3 Jahren
Material: bunte Tonpapierstücke, 1 Prickelnadel und 1 Filzunterlage pro Kind

Aus den Tonpapierstücken wählen sich die Kinder eines in ihrer Lieblingsfarbe aus.
Mit einem Buntstift zeichnen sie einen Gegenstand auf, durch den sich ihre Maus knabbern soll, z. B. ein Stück Käse, einen Apfel oder einen alten Schuh ...
Diesen Gegenstand schneiden sie ggf. mithilfe der Werkstattleitung aus und zeichnen darauf kleine Knabberlöcher der Maus.

Sie prickeln entlang ihrer gezeichneten Linien, bis sie das Stück heraustrennen können. Dafür müssen die Prickellöcher sehr dicht nebeneinander gestochen werden. Welche Maus hat am Ende die größten Löcher geknabbert?

Prickelndes Lichtermeer

Durch die kleinen Prickellöcher strahlt das Licht und funkelt schön, ach, wie herrlich anzuseh'n!

© Nicole Joiner

Prickelndes Lichtermeer

Alter: ab 4 Jahren
Material: 1 Bogen Goldpapier (20 × 45 cm) pro Kind, 1 Prickelnadel und 1 Filzunterlage pro Kind, Flüssigklebstoff, Teelichter

Zum Einstieg liest die Werkstattleitung einige Male das Gedicht vor, bis die Kinder es mitsprechen können.
Jedes Kind erhält einen Bogen Goldpapier. Schnell entstehen beim Prickeln gelöcherte Flächen- und Linienmuster, durch die später Kerzenlicht funkeln kann.
Die beiden kurzen Seiten werden zueinander gebogen und zusammengeklebt, sodass eine Röhre entsteht. Stellen die Kinder ihre goldenen Röhren in einem abgedunkelten Raum über ein Teelicht, erstrahlt ein Lichtermeer.

Lustige Spießgesellen

Bei dieser Aktion werden die Kinder zu Papiersammlern und Aufspießern. Wer hat seinen Spieß als Erster voll?

Alter: ab 3 Jahren
Material: 1 kleine Pappschachtel oder -karton pro Kind, dicker Nagel, Holzschaschlikspieße, Papierreste, Styroporstücke, 1 Prickelnadel und 1 Filzunterlage pro Kind; evtl. weiße Papierschnipsel, Fingermalfarben

Jedes Kind wählt eine kleine Pappschachtel oder einen Karton aus.
Die Werkstattleitung sticht mit einem dicken Nagel ein Loch in jeden Karton.
Hier hinein stecken die Kinder einen Schaschlikspieß mit der Spitze nach oben.
Aus einem großen Haufen Papierschnipsel suchen sich die Kinder viele Stücke heraus, spießen sie auf und schieben sie nach unten. Bei dickerem Papier stechen die Kinder vorher mit der Prickelnadel ein Loch hinein.

Es werden so viele Papierschnipsel auf den Holzspieß gesteckt, bis er ganz bedeckt ist und eine turmartige Figur entstanden ist: der Spießgeselle!
Auf die Spitze stecken die Kinder am Ende als Schutz ein Styroporstück.

Variante
Bei dieser Arbeit wird ausschließlich weißes Papier verarbeitet: Die Kinder reißen daraus Schnipsel und spießen es auf den Holzstab. Zum Schluss malen sie die Pappschachtel und die aufgespießten Papierschnipsel mit Fingermalfarben bunt an.

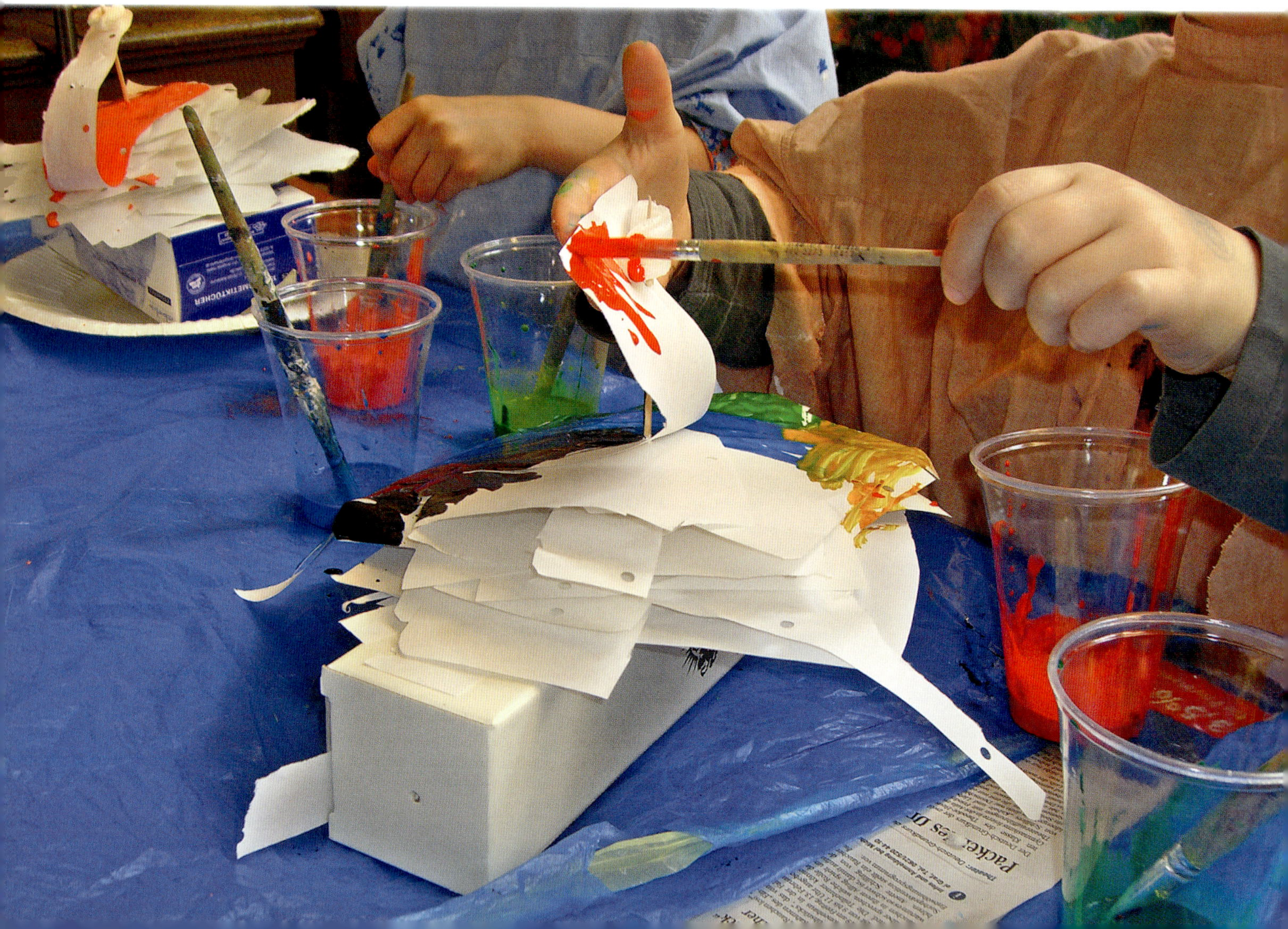

Schnipselkette

Ein Locher, mit dem Löcher in Papiere gezaubert werden, ist für jedes Kind einer der anziehendsten Gegenstände auf einem Schreibtisch. Die gelochten Schnipsel lassen sich leicht auf Draht oder Wolle auffädeln.

Alter: ab 4 Jahren
Material: Papierreste, 1 Locher pro Kind, Schnur

Die Papierreste werden in die Mitte des Tischs gelegt.
Mit einem Locher ausgestattet experimentieren die Kinder damit, möglichst viele verschiedene Schnipsel zu lochen. Welches Papier lässt sich leicht lochen? Können sie mehrere Papiere gleichzeitig lochen und wie viele passen auf einmal in den Locher? Können sie mehrere Löcher nebeneinander machen, ohne dass sich die Löcher überschneiden?
Ihre gelochten Schnipsel fädeln die Kinder alle auf ein Stück Schur auf. So entstehen beim Verknoten der Enden bunte, witzige Schnipselketten.

Streifenkugeln

Durch Auffädeln entstehen aus flachen Tonpapierstreifen sogar dreidimensionale Figuren!

Alter: ab 5 Jahren
Material: Tonpapier- und Tonkartonstreifen in unterschiedlichen Breiten und Farben (ca. 15 cm für eine kleine Kugel, 25 cm für eine große Kugel), Wachsmalstifte, Locher, Stopfnadeln, silberner oder goldener Faden, klein geschnittene bunte Trinkhalme, Holzperlen, Tacker

Die Kinder suchen sich Papierstreifen aus – für eine kleine Kugel vier bis fünf Streifen, für eine große Kugel sechs bis acht Streifen – und bemalen sie mit Wachsmalstiften.
In jedes der beiden Enden der Streifen stanzen sie jeweils ein Loch.

Mit der Stopfnadel fädeln sie alle Streifen durch die Löcher einer Seite auf einen Faden auf, der an einem Ende mit einer Holzperle verknotet ist.
Darauf fädeln sie bunt durcheinander Trinkhalmstücke und Holzperlen auf, bevor sie die anderen Enden der Streifen mithilfe der Werkstattleitung so auffädeln, dass eine Kugelform entsteht. Gegebenenfalls werden wieder ein paar Halmstücke entfernt oder hinzugefügt.
Mit einem Halmstück wird das Fädeln abgeschlossen und der Faden verknotet.
Die Streifen der Kugel werden gleichmäßig verteilt und mit dem Tacker fixiert.

Variante

Eine Kugel aus vielen langen und breiten Glitzerstreifen geformt und an der Decke aufgehängt ersetzt – fast – eine Diskokugel!

Stecken & bauen

In diesem Kapitel steht die Pappe im Vordergrund zum Bauen und Stecken. Die Kinder konstruieren auf unterschiedliche Art und Weise Gebilde, Objekte und Bauten, indem sie Pappröhren und -schachteln, Papp- und Kartonstücke ineinander stecken. Dabei lernen sie, die Stabilität der verschiedenen Materialien einzuschätzen und Einzelteile fest miteinander zu verbinden. Aus unförmigen Pappteilen entstehen so in einem größeren Zusammenhang neue Objekte.

Steck-Experimente

Bei dieser einführenden Aktion machen sich die Kinder mit dem Prinzip einer Steckverbindung und deren Gestaltungsmöglichkeiten vertraut.

Alter: ab 3 Jahren
Material: viele farbige Tonkartonstücke

In die Mitte des Arbeitstisches werden viele farbige Tonkartonstücke gelegt.

Jedes Kind schneidet in mehrere Kartonstücke kleine Schlitze, sodass sich die Teile ineinander stecken lassen. Aus den Tonkartonteilen konstruieren sie immer wieder neue, unterschiedliche Steckfiguren.

Am Ende probieren die Kinder aus, ob sie zwei oder mehr der entstandenen Steckteile zu einem größeren Gebilde zusammenstecken können.

Hinweis: Das Spiel „Pablo Junior" (→ Anhang S. 127) eignet sich ebenfalls sehr gut für eine erste Beschäftigung mit Steckverbindungen. Es besteht aus verschieden gestalteten Pappformen, die sich mit Plastiksteckern zu fantasievollen Figuren in immer neuen Variationen zusammenstecken lassen. Angeregt wurde dieses Spiel durch die Formenvielfalt des katalanischen Künstlers Pablo Picasso, der viele Objekte mit Pappe gestaltet hat.

Rund und eckig

Ob rund oder eckig – aus zweidimensionalen Bierdeckeln werden bizarre dreidimensionale Gebilde.

Alter: ab 4 Jahren
Material: viele runde und eckige Blanko-Bierdeckel (Kreativmarkt), Wachsmalstifte

Jedes Kind bemalt mehrere Bierdeckel von beiden Seiten kräftig mit Wachsmalstiften.
Die Werkstattleitung zeigt den Kindern, wie sie aus den Bierdeckeln mit der Schere jeweils ein oder mehrere ca. 3 cm lange, schmale Keile herausschneiden können.
Sind alle Bierdeckel mit Schlitzen versehen, stecken die Kinder sie zu bizarren Gebilden zusammen: mal nur die runden Deckel, mal nur die eckigen – oder gemischt!

Das Objekt lässt sich vergrößern, indem alle weiteren Pappteile an ein oder mehrere Teile angesteckt werden, sodass ein großes, turmartiges, buntes Steckgebilde mit einem Pappkarton als Sockel entsteht: das „Immerneu"!
Am Ende der Aktion lassen sich alle bemalten Pappstücke im Karton verstauen, damit das „Immerneu" jederzeit wieder ausgepackt und neu zusammengesteckt werden kann.
Hinweis: Ölpastellkreiden haben z. B. im Gegensatz zu Wachsmalstiften eine starke Leuchtkraft, sind lichtbeständig und von hoher Deckkraft. Dadurch wird das „Immerneu" besonders farbenfroh.

Immerneu

Immerneu gesteckt – immer Neues entdeckt! Eine einfache Gemeinschaftsarbeit schon für die Kleinsten.

Alter: ab 3 Jahren
Material: viele Wellpappstücke, Ölpastellkreiden, 1 Pappkarton

Vorbereitung
Die Werkstattleitung versieht die Wellpappstücke jeweils mit zwei bis drei Schlitzen auf unterschiedlichen Seiten.

Gestaltungsaktion
Die Kinder bemalen die Wellpappstücke von beiden Seiten mit Ölpastellkreiden.
In eine Seite des Pappkartons werden zwei bis drei Schlitze geschnitten, in die die ersten fertig bemalten Pappstücke gesteckt werden.

Steckgewächse

Alter: ab 5 Jahren
Material: 1 Schuhkarton pro Kind, flüssige Gouachefarben, Wellpappe, Ölpastellkreiden

Jedes Kind sucht sich einen Schuhkarton für sein Steckgewächs aus und schneidet evtl. mithilfe der Werkstattleitung mehrere Schlitze an verschiedenen Stellen hinein.

Alle Kinder mischen sich eine Gouachefarbe, mit der sie ihren Karton von allen Seiten anpinseln. Die Standfläche kann dabei ausgelassen werden.

Die Kinder zeichnen mehrere beliebige Formen auf Wellpappstücke, schneiden diese aus und malen sie auf beiden Seiten mit Ölpastellkreide farbig an. Die bemalten Teile werden an einigen Stellen eingeschnitten, zu einem Gebilde zusammengesteckt und fest in die Schlitze des Schuhkartons gesteckt.

Die Kinder achten darauf, dass ihr Gewächs beim Zusammenstecken im Gleichgewicht bleibt und nicht umkippt.

Die Steckgewächse lassen sich stehend oder an einer Wand hängend präsentieren.

Steckgewächse

*Seht einmal, was wächst denn da,
aus Karton – wie wunderbar:
farbenfroh und kunterbunt,
zackig, eckig und auch rund.*

© Nicole Joiner ~ Dagmar Rücker

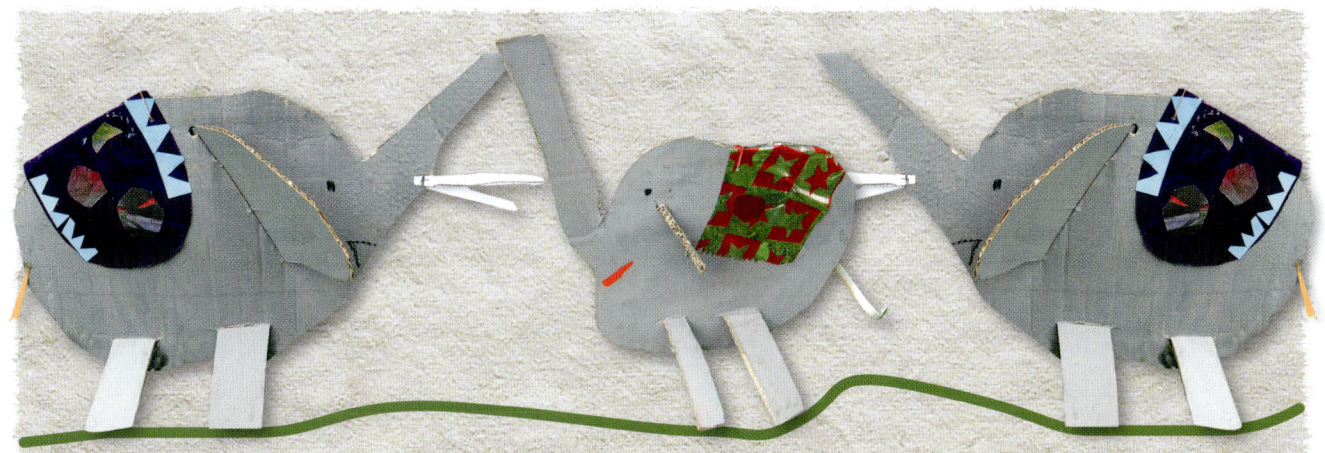

Die Elefantenparade

Der Sultan und die Sultanin haben große Sorgen. Ihre Tochter, Prinzessin Sitha, hat das Lachen verlernt. Die Situation ist sehr ernst. Auch die Leibärzte wissen sich keinen Rat mehr. Was auch immer sie sich ausdenken, um ihr ein Lachen oder wenigstens ein Lächeln auf das Gesicht zu zaubern, zeigt keine Wirkung. Keine Kräutermedizin hilft und auch mit vielen kostbaren Geschenken aus Gold, Silber und Seidenstoffen haben sie es versucht. Aber alles hatte keinen Erfolg.

In seiner Not ruft der Sultan alle Untertanen in seinem Reich auf, die lustigsten Geschichten, Gedichte und Reime aufzuschreiben und in den Palast zu bringen. Jeden Tag besucht der Sultan seine Tochter im Serail – das ist der Bereich seines Palastes, in dem die Frauen und Kinder leben. Hier sitzt er zusammen mit seiner Frau, der Sultanin, am Bett seiner Tochter. Sie lesen ihr stundenlang all die vielen lustigen Geschichten und Gedichte aus ganz Indien vor. Beide können vor Lachen manchmal gar nicht mehr weiterlesen, die Haremsdamen kichern in ihre bunten Schleier und die vielen Kinder hüpfen vor Vergnügen quietschend durch den Raum – aber die Prinzessin sitzt traurig und blass zwischen den vielen Seidenkissen in ihrem Bett. Sie starrt trübsinnig vor sich hin, seufzt schwermütig und sagt kein Wort.

Die Sultanin beauftragt ihre Köche und Köchinnen die buntesten, leckersten und duftendsten Lieblingsspeisen der Prinzessin zuzubereiten. Gaukler zeigen während der Mahlzeiten ihre Kunststücke und Musikanten spielen fröhliche Lieder. Der ganze Palast tanzt und lacht. Nur Prinzessin Sitha nicht. Alle sind ratlos.

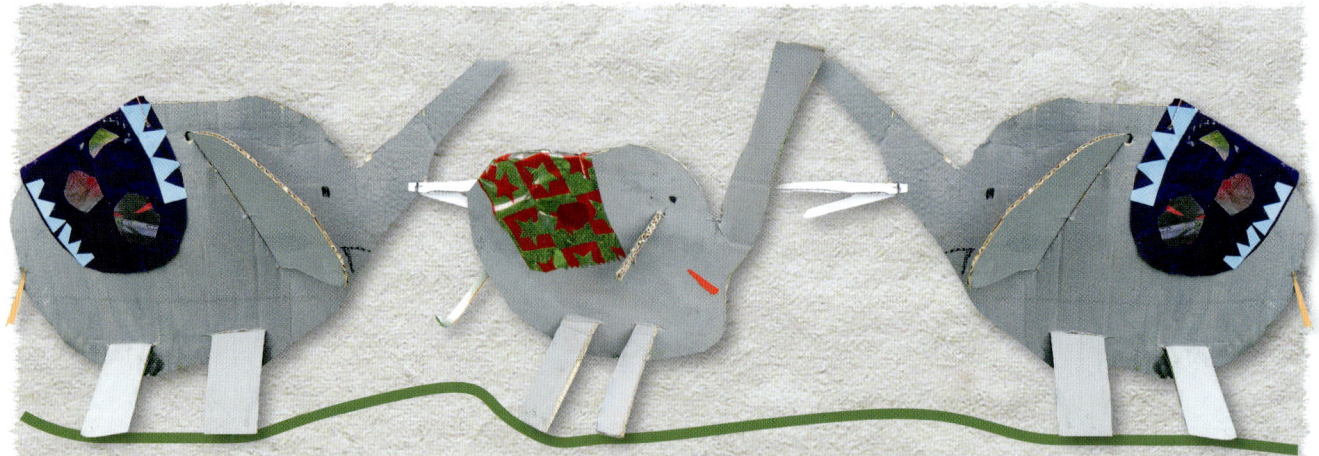

Ranga, ein armer Junge, der gerade mit seinem Arbeitselefanten in der Stadt ist, um Arbeit zu suchen, hört von der Krankheit der Prinzessin. Er kann gar nicht verstehen, warum sie so traurig ist und nichts mehr zum Lachen findet. Es stimmt schon – manchmal kann das Leben trostlos sein. Er selbst lebt nicht in einem Palast, hat keine Diener und Dienerinnen, besitzt keine Juwelen und ist nicht reich. Manchmal muss er auch hungern, wenn er kein Geld für Essen hat, und wenn er Musik hören möchte, muss er sich selbst ein Lied singen. Aber er hat seinen eigenen, treuen Elefanten und unter den anderen Elefantenführern, den Mahuts, viele Freunde. Jeden Tag treffen sie sich mit ihren Elefanten am Fluss, um zu baden und den Elefanten die Haut zu schrubben. Ist das immer ein Planschen, Prusten, Spritzen, ein Ohrengewackel und Rüsselschlenkern! Das fröhliche Lachen der Menschen und das Trompeten der Elefanten sind weit über den Fluss hinaus zu hören. Ranga kann sich nichts Lustigeres vorstellen. Da kann doch kein Trübsinn aufkommen, oder?
Ranga hat eine Idee: Er wird eine Elefantenparade für die Prinzessin organisieren und sie zum täglichen Schwimmen im Fluss mit den Elefanten einladen. Alle seine Freunde werden mit ihren Elefanten dabei sein. Die Frauen, Mütter, Tanten und Omas werden die buntesten Decken aus ihren Truhen holen und die Kinder sollen Blumengirlanden binden. Damit werden die Elefanten geschmückt.

Einige Tage später ist es dann so weit: Eine lange, prächtig geschmückte und gut gelaunte Elefantenparade setzt sich Richtung Palast in Bewegung. So ein Lärm, denkt die Prinzessin missmutig in ihrem Bett. Da aber alle Palastbewohner an ihren Fenstern und auf ihren Balkonen stehen, um dem lustigen Treiben zuzusehen, muss sie selbst aufstehen, um das Fenster zu schließen. Gerade in diesem Augenblick kommt die Elefantenparade an ihrem Balkon vorbei und sie sieht sich Auge in Auge dem Elefanten von Ranga gegenüber. Der Elefant schaut sie an, wackelt mit seinen Ohren und greift mit seinem Rüssel durch das Fenster in ihre Haare – uii – das kitzelt. Da muss sie plötzlich laut lachen! Sie lacht und lacht und kann gar nicht mehr aufhören. Ranga zieht sie einfach mit auf seinen Sattel, und weiter geht die Elefantenparade zum Fluss.

Der Sultan und die Sultanin sind über diese Wendung überglücklich. Sie erlauben Sitha sogar jeden Tag einen Ausflug an den Fluss zu den Elefanten und ihren Mahuts zu machen. Seitdem ist kein Tag vergangen, an dem sich nicht Sithas Lachen in das bunte Treiben am Fluss gemischt hätte.
Der Sultan belohnt Ranga reich für seine Idee, sodass er und sein Elefant jeden Tag genug zu essen haben. Das Essen ist so reichlich, dass er sogar seinen Freunden etwas abgeben kann.

© Dagmar Rücker

Die Elefantenparade

Alter: ab 6 Jahren
Material: 1 Stück Wellpappe (50 × 50 cm) pro Kind, Gouachefarbe in Weiß, Schwarz und Braun, Papierreste, schwarze Wachsmalkreide, Baumwollschnur

Die Werkstattleitung liest den Kindern die Geschichte vor und spricht mit ihnen darüber. Kennen die Kinder selbst Tage, an denen ihnen das Lachen vergeht? Damit sie sich immer daran erinnern, was Prinzessin Sitha geholfen hat, ihr Lachen wiederzufinden, gestalten alle Kinder ihren eigenen Elefanten, sodass am Ende eine ganze Elefantenparade entsteht.

Elefantenteile zuschneiden

Jedes Kind zeichnet einen Elefanten in vier Teilen auf ein Stück Pappe: den Rumpf zusammen mit Kopf und Rüssel, ein großes Oval für die Ohren, passend zur Kopfgröße, und zwei gleich große Pappstreifen für die Beine, ca. 4 cm breit und doppelt so lang wie geplant. Für die Größenverhältnisse gilt: Der Bauch ist z. B. viermal so groß wie eine Kinderfaust, der Kopf zweimal so groß.

Elefantenteile bemalen

Jedes Kind mischt sich aus den Gouachefarben seine eigene Elefantenhautfarbe, damit am Ende eine Elefantenherde mit individuellen Hautfarben entsteht. Alle malen ihre Elefantenteile auf beiden Seiten mit ihrer Mischung an und lassen die Teile gut trocknen.

Elefantendecke

Die Kinder schneiden eine Elefantendecke aus Papierresten zu und achten darauf, dass sie groß genug und symmetrisch ist, sodass sie sich halbieren lässt. Mit bunten Papierschnipselmustern und -fransen verschönern die Kinder ihre Elefantendecke.

Sie falten die Decke in der Mitte, legen sie über den Rücken des Elefanten und kleben sie auf beiden Seiten fest.

Montage
Die Werkstattleitung schneidet die Elefantenkörper mit dem Cutter an drei Stellen ein: Ein langer schräger Schlitz für die Ohren und zwei kürzere waagerechte Schlitze auf gleicher Höhe nebeneinander für die Beine.
Ohren und Beine werden jeweils bis zur Hälfte durch die Schlitze geschoben und in der Mitte umgeknickt.
Mit der schwarzen Wachsmalkreide ergänzen die Kinder Augen und Mund des Elefanten und kleben Stoßzähne und einen Schwanz aus Papier an.
Am Rücken des fertigen Elefanten wird noch ein Baumwollfaden befestigt, an dem er aufgehängt werden kann. Und – tröt – tröt – schon kann die Elefantenparade losgehen!

Bau-Experimente

Hier erforschen die Kinder, wie sich einzelne Pappteile außer durch Stecken noch verbinden lassen.

Alter: ab 4 Jahren
Material: viele verschiedene Pappschachteln und -röhren, Kreppklebeband, Flüssigkleber, transparentes Klebeband, Schnur, Gummiringe

Die Kinder probieren sich im Konstruieren und Bauen von Objekten: Sie stapeln Kisten, Schachteln oder Röhren aufeinander, bis sie mit ihrem Bauwerk zufrieden sind.
Um es zu fixieren, experimentieren sie mit den unterschiedlichen Materialien: Es wird mit Schnur zusammengewickelt, mit Gummi umspannt oder mit Klebeband oder Flüssigkleber geklebt …

Röhrensalat

Ein Bau-Objekt nur aus Röhren hat durch die offene Röhrenstruktur seine ganz eigene Optik!

Alter: ab 4 Jahren
Material: Pappröhren in unterschiedlicher Länge und Stärke, Kreppklebeband, Gouachefarben

Die Kinder wählen aus dem Haufen Pappröhren mehrere aus, die sie zu einem Objekt zusammenfügen wollen.
Mit Klebeband werden die einzelnen Röhren miteinander verbunden. So entstehen zwei- oder dreidimensionale Röhrengebilde, die jederzeit um ein oder mehrere Röhren erweitert werden können.
Zum Schluss mischt sich jedes Kind eine Farbe, mit der es seinem Röhrensalat einen knackigen Farbanstrich gibt.

Röhrendschungel

Auf ins Röhrendschungel-Abenteuer!

Alter: ab 4 Jahren
Material: 1 Sperrholzkiste pro Kind, viele verschiedene Pappröhren, Kreppklebeband, Gouachefarben, farbiges Krepppapier, Papierreste; evtl. weitere Gestaltungsmaterialien, z. B. Knete, Sand, Steine, Kork, Pfeifenputzer …

Die Kinder kleben in eine Sperrholzkiste verschiedene Röhren mit Klebeband auf dem Boden oder an den Seiten fest, sodass die Stämme von fantastischen Dschungelbäumen und Palmen entstehen. Weitere Röhren können z. B. als Äste quer über stehende Teile geklebt werden.
Sind die Kinder mit dem Konstruieren und Festkleben ihres Röhrendschungels fertig, bemalen sie ihn mit Farbe.
Nach dem Trocknen entwerfen die Kinder mit Krepppapier und Papierresten weitere Ideen zu ihrem Dschungel, z. B. werden aus grünem Krepppapier die Blätter von Röhrenpalmen.

Variante

Der weiteren Ausgestaltung sind keine Grenzen gesetzt: Aus Knete, Sand, Steinen und anderen Gestaltungsmaterialien entsteht eine ganze Dschungel-Spiellandschaft!

Unsere Stadt

Die Stadt Mannheim wird als „Quadratestadt" bezeichnet, da die Innenstadt in einzelne Rechtecke aufgeteilt ist. Anlässlich ihres 400-jährigen Jubiläums entstand bei Kindern die Idee, selbst eine Stadt aus lauter Vierecken zu bauen. Mit Skizzenblock und Bleistift ausgestattet streiften sie durch ihre Stadt und zeichneten Gebäude, Plätze oder Grünanlagen, die sie später in der Werkstatt für ihren Stadtteil nachbauen wollten. Es gab viele verschiedene Vorlieben: Ob Schule, Wasserturm, Gefängnis, Zoo oder Eisdiele – alle Ideen wurden skizziert und umgesetzt!

Alter: ab 4 Jahren
Material: 1 Sperrholzkiste pro Kind, Pappschachteln und -rollen in verschiedenen Größen, Kreppklebeband, weiße Fingermalfarbe, Permanentmarker, bunte Papierreste, Naturmaterialien

Jedes Kind erhält eine Sperrholzkiste. Die Kinder suchen sich Pappschachteln oder -rollen für ihre Häuser aus und kleben diese mit Kreppklebeband in ihre Kiste. Aus kleinen Schachteln werden z. B. Wohnblocks, aus Rollen ein Fernsehturm und aus Eierkarton ein großes Dach.

Sind alle Gebäude sicher befestigt, wird die ganze Stadt vollständig mit weißer Farbe bemalt.

Nach dem Trocknen zeichnen die Kinder Fenster und Türen mit wasserfesten Stiften auf oder kleben ausgeschnittene Papierreste auf.

Mit weiteren Papierresten und Naturmaterialien gestalten die Kinder ihren Stadtteil nach eigenen Wünschen aus.

Am Ende entsteht eine große neue Quadratestadt, indem die Kinder ihre Stadtteile zusammenstellen.

Flussdampfer

Hier werden die Kinder zu SchiffsbauerInnen. Welche Schachteln können schwimmen, welche gehen unter?

Alter: ab 4 Jahren
Material: viele Tetrapacks (Milch- oder Safttüten), kleine Pappschachteln und -röhren, Wasserwanne, Plastikklebeband

Jedes Kind erhält einen Tetrapack und eine Pappschachtel. In der Wasserwanne probieren sie aus, welches der Teile schwimmt und welches sich mit Wasser vollsaugt und nach einiger Zeit untergeht. Die Kinder überlegen mit der Werkstattleitung: Warum ist das so? Wie unterscheiden sich die Schachteln und was können sie tun, damit die Papprohren nicht sinken?

Die Kinder bauen aus einem oder mehreren Tetrapacks den Rumpf ihrer Flussdampfer.

Aus den kleinen Pappschachteln und -röhren suchen sie sich zusätzliche Teile aus, die z. B. zu einer Kajüte oder einem Schornstein werden, und kleben diese mit Plastikklebeband gut am Bootsrumpf fest.

Am Ende wird der gesamte Flussdampfer mit Plastikklebeband umwickelt, damit der Dampfer beim Schwimmen nass werden kann, ohne zu sinken.

Sind alle Flussdampfer fertig, geht es auf große Flussfahrt!

Schöpfen, prägen & binden

Im Gegensatz zu den bisherigen Techniken, die sich mit dem Beeinflussen, Verändern, Formen und Weiterverarbeiten von Papier und Pappe beschäftigt haben, geht es hier zunächst um das Herstellen von Papier: das Schöpfen. Die Kinder erleben selbst, wie viel Arbeit in dem Herstellungsprozess liegt und nähern sich dem Werkstoff Papier noch einmal auf eine andere sehr grundlegende Weise.
Durch das Prägen erfahren sie, wie sich einzelne Papierbögen in ihrer Struktur weiter verändern lassen.
Zuletzt werden Papierbögen zu Büchern und Mappen gebunden: So entstehen individuelle Malbücher, Fotoalben, Leporellos und andere Werke aus selbst geschöpftem oder geprägtem Papier.

Papierschöpfen
Schon im alten China wurde durch Zerkleinern und Wässern von Naturmaterialien eine Pulpe hergestellt. Durch Abschöpfen der Pulpe mittels eines Siebs und anschließendem Pressen wurden Papierbögen hergestellt.
Heute entstehen beim Papierschöpfen z. B. aus Zellulose-Halbfaser, Zeitungspapier, Eierkarton oder Toilettenpapier neue individuelle Papierblätter, die sich anschließend außer zum Beschreiben und Bemalen vielfältig weiterverwenden lassen. Sie können z. B. beklebt, gefaltet oder zur Gestaltung einer Collage verwendet werden.

Selbst geschöpftes Papier

Hier wird eine einfache, schnelle und günstige Möglichkeit gezeigt, mit Kindern erste Erfahrungen beim Papierschöpfen zu sammeln.

Alter: ab 4 Jahren
Material: 2 Rollen Toilettenpapier, Schöpfwanne, großer Schneebesen, Schöpfsieb, viele Filzmatten, 2 Bretter (etwas größer als das Schöpfsieb)

Herstellung der Pulpe
Die Kinder zerreißen das Toilettenpapier in kleine Stücke und weichen sie in 10–15 l lauwarmem Wasser in der Schöpfwanne ein. Diese sogenannte „Pulpe" wird unter ständigem Rühren mit einem großen Schneebesen aufgeschlämmt, bis sich das Toilettenpapier komplett aufgelöst hat.

Schöpfen
Die Werkstattleitung führt mit jeweils einem Kind den Schöpfvorgang durch.
Der leere Rahmen des zweiteiligen Schöpfsiebs wird auf die Seite des zweiten Rahmens gelegt, sodass die gespannte Siebseite nach oben zeigt. Beide Teile werden mit den Händen zusammengehalten und das Schöpfsieb schräg vom Wannenrand aus ganz in die Papiermasse eingetaucht – der Rahmen darf dabei nicht losgelassen werden!
Der Rahmen wird waagerecht zum Wannenboden aufgerichtet, damit sich eine gleichmäßige Faserschicht auf dem Sieb absetzt.

Das Ganze wird vorsichtig hochgehoben, sodass das Wasser abfließen kann.
Der Rahmen wird vom Sieb heruntergenommen, die entstandene Faserschicht nach unten auf eine Filzmatte gekippt und das Sieb vorsichtig von der Papierschicht abgehoben. Darauf kommt die zweite Filzmatte.

Gautschen
Das geschöpfte Papier wird mit den beiden Filzmatten zwischen zwei Bretter gelegt und durch Druck das überschüssige Wasser herausgepresst. Dafür stellt sich am besten ein Kind so lange auf den Stapel, bis das überschüssige Wasser herausgedrückt ist.
Der entstandene Papierbogen wird vorsichtig von den Filzmatten gelöst und liegend trocknen gelassen.
Hinweis: Es ist nicht tragisch, wenn beim Ablösen des Bogens Risse im Papier entstehen – im Gegenteil. Wird der Bogen nach dem Trocknen auf farbiges Tonpapier geklebt, ergibt sich aus dem Missgeschick ein schöner Effekt (s. „Buntes Schöpfen").

Buntes Schöpfen

Auch noch während des Schöpfvorgangs lässt sich das endgültige Erscheinungsbild des neuen Papierblatts durch einige einfache Kniffe verändern. Für qualitativ hochwertige Papierbögen eignet sich ein etwas aufwendigerer Schöpfvorgang.

Alter: ab 4 Jahren
Material: Halbstoff-Zelluloseblätter, alte Zeitungen oder Eierkarton, Schöpfwanne, Bohrmaschine mit Rühraufsatz, farbiges Krepppapier, Schüssel, Schöpfsieb, viele Filzmatten, 2 Bretter (etwas größer als das Schöpfsieb), farbige Tonpapierbögen; evtl. Konfetti, Papierschlangen, getrocknete Kräuter, Blütenblätter …

Herstellung der Pulpe
Zusammen reißen die Kinder die Halbstoff-Zelluloseblätter, die Zeitungen und/oder die Eierkartons in ganz kleine Stücke. Aus diesen Stücken wird die Pulpe hergestellt.

Die Papierstücke werden über Nacht in warmem Wasser eingeweicht. Bei Zeitungspapier und Eierkarton dauert das je nach Menge mehrere Tage.
Die eingeweichte Papiermasse wird mit dem Rühraufsatz einer Bohrmaschine und evtl. zusätzlichem Wasser zu einem Brei verarbeitet – je feiner die Pulpe, umso dünner wird das Papier.
Die Pulpe wird im Verhältnis Wasser zu Papierbrei 8:2 in die Schöpfwanne gegeben und so lange mit Wasser verdünnt, bis eine sämige Papiersuppe entstanden ist – je weniger Wasser, desto dicker wird das Papier.
Die Kinder bereiten zusätzlich eine Schüssel mit gerissenen, bunten Krepppapierstücken vor.

Schöpfen
Gemeinsam mit der Werkstattleitung führt jedes Kind den Schöpfvorgang durch (→ S. 86 „Selbst geschöpftes Papier").
Bevor das Papier zum Pressen unter die zweite Filzlage kommt, legt jedes Kind nach Belieben bunte Krepppapierstücke auf die noch feuchte Papiermasse.

Gautschen
Beim Pressvorgang (→ S. 87 „Selbst geschöpftes Papier") werden die Farben vom Krepppapier reizvoll verlaufen.
Am Ende werden die fertigen Bögen zum Trocknen ausgelegt.

Ausgestaltung
Die trockenen, bunten Papiere werden von den Kindern auf farbige Tonpapierbögen geklebt, sodass reizvolle Bildobjekte entstehen.

Variante
Statt buntem Krepppapier streuen die Kinder z.B. Konfetti, Papierschlangen, duftende Kräuter oder Blütenblätter auf die feuchte Papiermasse.

Prägen
Durch Prägen lässt sich Papier mit erhabenen oder vertieften Verzierungen gestalten. In der Buchbinderei wird mit Prägung z.B. der Titel auf den Bucheinband aufgebracht. Im künstlerischen Bereich eignen sich als Bildträger für diese Technik kräftige und saugfähige Papiere, dünne, saugfähige Pappen oder selbst geschöpfte Papierbögen, die noch nicht ganz trocken sind. Als Prägeform eignen sich flache Gegenstände wie z.B. Holz-, Metall-, Plastik- oder Drahtstücke.

Papier prägen

Mit flachen Holzresten machen Kinder erste Erfahrungen mit der Prägetechnik. Sie entdecken, dass dabei aus Zwischenräumen neue Formen entstehen.

Alter: ab 4 Jahren
Material: selbst geschöpfte, noch feuchte Papierbögen (→ S. 86 ff.), Holzreste, viele Filzmatten, 2 Bretter (etwas größer als die Papierbögen), farbige Tonpapierbögen

Direkt nach dem Schöpfvorgang legen die Kinder einige flache Spanholzreste auf ihren feuchten Bogen.

Beim folgenden Gautschen (→ S. 87) wird der Bogen zwischen zwei Filzmatten gelegt.

Das geprägte Papier wird mithilfe der Werkstattleitung vorsichtig von Filz und Prägeform gelöst und zum Trocknen ausgelegt.

Zur Präsentation kleben die Kinder ihre Prägearbeiten auf einen bunten Tonpapierbogen.

Grußkarten

Welchem Menschen möchten die Kinder mit einer selbst geprägten Grußkarte eine besondere Freude machen?

Alter: ab 5 Jahren
Material: 1 Aquarellpapier in DIN A5 oder DIN A4 pro Kind, flache Wanne, Plastiktüte, viele Filzmatten, dicke Paketschnur

Vorbereitung
Am Tag zuvor zieht die Werkstattleitung die Aquarellpapierbögen durch eine flache Wasserwanne. Der Stapel aus feuchten Bögen wird über Nacht in einer fest verschlossenen Plastiktüte zum gleichmäßigen Durchziehen der Feuchtigkeit gelagert.

Gestaltungsaktion
Jedes Kind legt auf eine Filzmatte mit dicker Paketschnur z. B. Linien, Spiralen oder Wellen. Darüber werden ein Bogen feuchtes Aquarellpapier und anschließend eine weitere Filzmatte gebreitet. Nun folgt das Gautschen (→ S. 87).

Nach dem Trocknen falten die Kinder die geprägten Papiere in der Mitte zusammen – und schon sind wunderschöne Grußkarten der besonderen Art entstanden.

Buchbinden

Das Buchbinden war bis ins 19. Jahrhundert hinein eine rein handwerkliche Tätigkeit. Heute erledigen Maschinen diese Arbeit und ermöglichen somit eine industrielle Serienfertigung. Die grundlegenden Vorgänge des Bindens sind jedoch trotz unterschiedlicher Ausführung gleich geblieben: Bilder und Texte werden zu einem Sammelwerk zum Betrachten und Lesen in einer schützenden Hülle, den Buchdeckeln, zusammengefasst. Wir haben uns in diesem Buch auf drei Varianten beschränkt, die sich unserer Erfahrung nach am schnellsten und einfachsten mit Kindern umsetzen lassen: Die Zweilochbindung, das Leporello und die Schriftrolle. Weitere Buchbindeideen vgl. „Das kleine BUCH-MACH-BUCH" (→ Anhang S. 127).

Zweilochbindung

Mit dieser Bindungsart lassen sich auf einfache Weise Hefte herstellen, in die z.B. gemalte Bilder oder Fotos eingeklebt werden.

Alter: ab 8 Jahren
Material: selbst geschöpfte Papierbögen (→ S. 86 ff.), Locher, festes Baumwollband

Vorbereitung

Die Werkstattleitung spricht mit den Kindern darüber, wie ein Buch normalerweise aussieht, dass es vorn und hinten einen festen Einband und dazwischen viele Buchseiten hat, auf denen Geschichten erzählt und Bilder gezeigt werden. Vielleicht haben die Kinder Lieblingsbücher, von denen sie kurz erzählen oder die sie mitbringen möchten? Kennen sie Bücher, bei denen ihnen vor allem der Einband besonders gut gefällt? Warum?

Gestaltungsaktion

Die Kinder binden ihr eigenes Buch. Dazu bringen sie ihre geschöpften Papierbögen in eine Reihenfol-

Leporello

Die Zick-Zack-Form des Leporellos eignet sich besonders gut zur Gestaltung von fortlaufenden Bildergeschichten.

Alter: ab 5 Jahren
Material: 1 langer weißer Tonpapierstreifen pro Kind, fester farbiger Tonkarton

Die Werkstattleitung wählt ein Bilderbuch oder eine Geschichte aus, die sich in einzelne Vorleseabschnitte einteilen lässt.
Die Kinder falten ihren langen Papierstreifen zu einer Ziehharmonika mit gleich großen Feldern. Die Anzahl der Felder muss denen der Vorleseabschnitte der Geschichte entsprechen und jedes Feld sollte mind. Postkartengröße (DIN A6) haben.
Am Ende evtl. überstehendes Papier wird abgeschnitten.
Das Leporello wird stabiler, indem jeweils auf das erste und das letzte Feld der zusammengefalteten Ziehharmonika ein fester Buchdeckel aus Karton geklebt wird, sodass ein schöner farbiger Einband entsteht.
Die Werkstattleitung liest den Kindern die Geschichte in Abschnitten vor – ohne (bei einem Bilderbuch) die Bilder zu zeigen! Nach jedem Abschnitt haben die Kinder Zeit, eine Seite in ihrem Leporello zu bemalen. So gestalten sie fortlaufend ein Feld nach dem anderen, bis eine komplette Bildergeschichte entstanden ist.
Am Ende gestalten sie thematisch passend ihren Buchdeckel.

ge, die ihnen für das Buch gefällt. Ein besonders schönes Blatt legen sie für den Buchdeckel und ein Blatt für die Buchrückseite zur Seite.
Alle Blätter werden in der Mitte der linken Seite gelocht. Durch die Löcher wird ein Baumwollband gefädelt und die beiden losen Enden auf der Vorderseite des Deckblatts zu einer Schleife gebunden. Fertig ist ein wunderschönes selbst gebundenes Heft.

Hinweise:
- Bei einem Format ab DIN 3 aufwärts werden vier oder mehr Löcher gestanzt und es kommt jeweils ein Band durch zwei Löcher.
- Wollen die Kinder auf ihren geschöpften Papierbögen malen, zeichnen oder schreiben, empfiehlt es sich, die Bögen zuerst zu bearbeiten, zu sammeln und am Ende zu binden.

Piraten-Schriftrolle

Eine Schriftrolle ist die typische Buchform des Altertums. Sie bestand aus einer gerollten Papyrus- oder Pergamentbahn. Diese einfache Art Papierblätter zusammenzuhalten und zu schützen, ist besonders für kleine Kinder geeignet. Ein oder mehrere Blätter lassen sich zusammengerollt in einer schützenden Pappröhre aufbewahren und transportieren.

Alter: ab 3 Jahren
Material: DIN-A4-Kopierpapier, Wachsmalstifte, 1 Küchenpapierrolle pro Kind, Papierreste; evtl. Standardzeichenpapier (mind. DIN A2), gefärbte und bemalte Papiere (➔ S. 96 ff. „Färben & bemalen"), 2 Holzstöcke (1 m lang, 1 cm Ø), Alleskleber

Die Werkstattleitung liest die Geschichte „Kapitän Knautschbart" vor.

Alle Kinder malen auf ein Blatt Papier eine geheimnisvolle Schatzkarte auf.
Sie suchen sich eine Papprolle aus und bekleben sie mit bunten Papierschnipseln.
Zum Schluss wird die Schatzkarte von den kleinen SeeräuberInnen zusammengerollt und in der Papprolle sicher aufbewahrt.
Gemeinsam denken sich die Kinder das Ende der Geschichte aus: Wo führt die Schatzkarte Kapitän Knautschbart und seine Seeräuber wohl hin? Erleben sie ein neues Abenteuer oder entdecken sie einen lange verschollenen Goldschatz?

Variante

Zu einem besonderen Anlass – die nächste Weihnachtsfeier, das Faschingsfest, eine Theateraufführung, ein Gartenfest – gestalten Kinder **ab 6 Jahren** ein Plakat: Sie beschriften einen großen Bogen Papier und bekleben ihn mit selbst gefärbten und gestalteten Papieren, Papierresten usw.

Kapitän Knautschbart

Seeräuber-Kapitän Knautschbart und seine Kameraden segelten seit sieben Monaten, sieben Wochen und sieben Tagen über die gefährlichen Weltmeere. Sie hatten viele, viele Abenteuer erlebt und waren nun auf der Heimfahrt zu ihrer Insel Papplania. Die Wellen schaukelten sanft, der Wind bauschte die Segel und ihr treues Schiff „Papiera" legte sich gemächlich in die Seite.
Plötzlich rief es aus dem Ausguck: „Holzkiste in Sicht!" Kapitän Knautschbart befahl seinen Seeräubern, die Kiste sofort aus dem Meer auf das Schiff zu retten. „Ein Schatz! Juwelen, Gold …!" riefen die Seeräuber aufgeregt durcheinander. Als Kapitän Knautschbart die Kiste öffnete, wurde es mucksmäuschenstill an Bord. Eine alte Schriftrolle lag gut verstaut darin. Als er sie vorsichtig auseinanderrollte, ging ein leises Raunen durch die Mannschaft. „Eine Schatzkarte!" rief der Kapitän …

© Nicole Joiner

Am oberen und unteren Ende des Plakats wird jeweils ein Holzstock mit Alleskleber festgeklebt. Daran wird das Plakat wie eine altertümliche Schriftrolle aufgehängt oder zur Aufbewahrung um die Stöcke aufgerollt.

Tier-Tagebuch

Ausgehend vom Thema „Lieblingstier" nähern sich die Kinder dem Binden eines Buches von einer anderen Seite und gestalten aufwendige und fantasievolle Buchdeckel.

Alter: ab 5 Jahren
Material: 2 dicke DIN-A3-Papp- oder Wellpappbögen pro Kind, Gouachefarben, kleine Schwämmchen, bunte Bastelwellpappe, Wackelaugen, Pfeifenputzer, buntes DIN-A5-Tonpapier, weißes Standardzeichenpapier im Buchformat (120 g), Papierreste, Tacker, Paketklebeband, Ale oder Locheisen, festes Baumwollband

Vorbereitung
Zusammen mit der Werkstattleitung sprechen die Kinder über ihre Lieblingstiere. Welche mögen sie am liebsten? Haben einige Kinder Haustiere oder können sie sich an den letzten Zoobesuch erinnern?

Umschlaggestaltung
Jedes Kind überlegt sich ein Lieblingstier, zu dem es gerne ein Buch gestalten möchte. Dazu sucht es sich zwei dicke Papp- oder Wellpappbögen als Umschlagseiten aus. Die Kinder betupfen die Pappstücke mit den Gouachefarben und kleinen Schwämmchen in ihren Lieblingsfarben. Damit sich die Pappe beim Trocknen nicht wellt, werden die Rückseiten ebenfalls mit Farbe gestaltet oder mit einem Schwamm gut flächig befeuchtet und während des Trocknens mit Gegenständen beschwert.
Die Kinder gestalten aus Bastelwellpappe, Wackelaugen und Pfeifenputzern ihr Lieblingstier: Mäuse, Katzen, Hunde, Enten, Löwen ...
Auf eine Umschlagseite kleben die Kinder ein buntes Blatt Tonpapier wie eine Tasche auf: Dort drin findet das Tier ähnlich wie in einem Känguru-Beutel seinen Platz!

Geschichten erfinden
Während der folgenden Woche erfinden die Kinder gemeinsam eine Geschichte, die von einem Tier erzählt, das jeden Tag ein anderes Abenteuer erlebt, und gestalten zu jedem Abenteuer eine Buchseite. Als Anregung dazu einige Ideen:

- Am Montag erwacht das Tier auf einer Wiese. Es fühlt sich allein und beschließt einen Freund zu suchen.
- Am Dienstag kommt es bei seiner Suche an einem Teich vorbei.
- Am Mittwoch führt das Tier seine Suche in die Wüste.
- Am Donnerstag gelangt es ans Meer.
- Am Freitag entdeckt das Tier ein Spukschloss.
- Am Samstag landet es im Urwald – und findet einen Freund!
- Am Sonntag halten die beiden Freunde zusammen einen Festtagsschmaus und ruhen sich anschließend aus.

Buchbindung

Die gemalten Tagesgeschichten jedes Kindes werden am Ende zu seinem Tier-Tagebuch zusammengebunden.
Zur ersten Stabilisierung der dünnen Seiten werden diese an der linken Seite zusammengeheftet. Die Kinder verstärken den so entstandenen Buchrücken auf beiden Seiten mit Paketklebeband.
Die so verbundenen Seiten werden zwischen die beiden Buchdeckel gelegt.
Mithilfe der Werkstattleitung stoßen die Kinder mit einer Aale vier Löcher mit etwas Abstand zueinander in den Buchrücken.
Mit der Ale drücken sie von hinten ein langes Baumwollband durch zwei Löcher, ziehen es durch und binden die beiden losen Enden auf der Vorderseite zu einer Schleife.

Spiel-Bilderbuch

Wenn die Kinder ihre individuelle Geschichte selbst anschauen oder anderen zeigen, können sie ihr Lieblingstier aus der Tasche hervorholen und damit beim Erzählen und Anschauen der Bilder von Seite zu Seite hüpfen. Außerdem kann jedes Kind mit seiner Tierfigur die Seiten in den anderen Büchern besuchen und die dort erzählten Abenteuer spielerisch miterleben!

Färben & bemalen

Gefärbtes und bemaltes Papier ist aus unserem Alltag nicht mehr wegzudenken. Da stellt sich die Frage: Wie kommt die Farbe aufs Papier? In diesem Kapitel stellen wir Möglichkeiten vor, Papier individuell farblich zu gestalten. Dabei stellen die Kinder fest, dass sich nicht jedes Papier für alle Techniken eignet und auf die einzelnen Farbmittel unterschiedlich reagiert.

Färben
Beim Färben wird textiles Material durch Aufbringen von Farbmitteln in Färbe- oder Druckprozessen koloriert. Da Papiere und Pappen Naturprodukte sind, lassen sie sich ebenfalls leicht mit unterschiedlichen Mitteln färben, z. B. durch Bemalen, Batiken, Marmorieren oder Bedrucken. Dabei hat die Beschaffenheit der Papiere und Pappen wesentlichen Einfluss auf das Ergebnis.

Papiere bemalen

Die Kinder experimentieren mit Wasser-, Fingermal-, Gouache- oder Temperafarben auf verschiedensten Papier- und Pappuntergründen.

Alter: ab 3 Jahren
Material: viele unterschiedliche beschichtete und unbeschichtete Papiere und Pappen in allen Farben, Wasser-, Gouache-, Fingermal- und Temperafarben, Schwämmchen, Zahnbürsten, Malerrollen, Kämme; evtl. 1 DIN-A3-Tonpapier pro Kind

Die Kinder suchen sich verschiedene Papier- und Papparten aus und testen die unterschiedlichen Farben auf Zeichenpapier, buntem Tonkarton, Wellpappe, braunem Packpapier, Tetrapack-Kartons, Seiden-, Krepp-, Toiletten-, Butterbrotpapier …

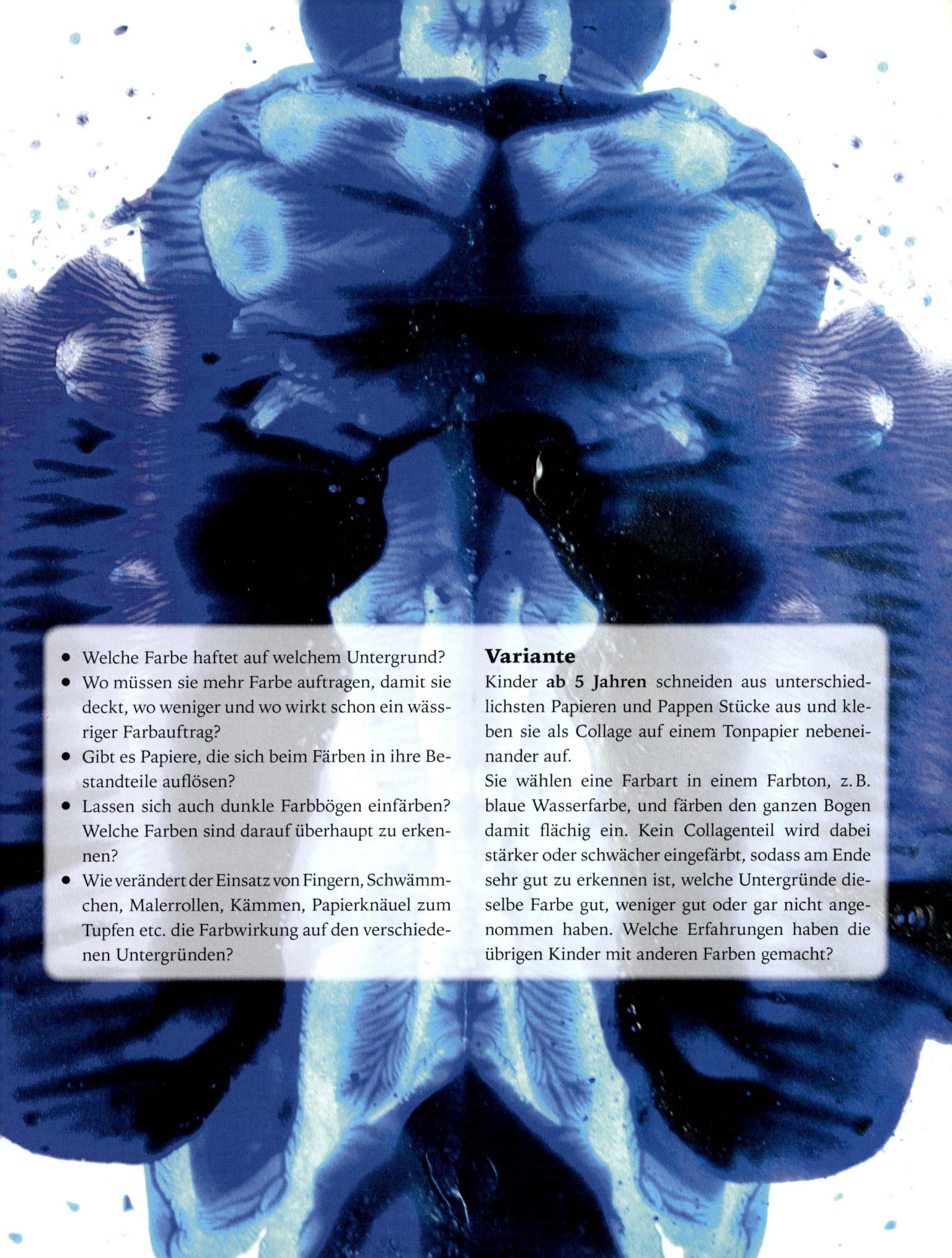

- Welche Farbe haftet auf welchem Untergrund?
- Wo müssen sie mehr Farbe auftragen, damit sie deckt, wo weniger und wo wirkt schon ein wässriger Farbauftrag?
- Gibt es Papiere, die sich beim Färben in ihre Bestandteile auflösen?
- Lassen sich auch dunkle Farbbögen einfärben? Welche Farben sind darauf überhaupt zu erkennen?
- Wie verändert der Einsatz von Fingern, Schwämmchen, Malerrollen, Kämmen, Papierknäuel zum Tupfen etc. die Farbwirkung auf den verschiedenen Untergründen?

Variante

Kinder **ab 5 Jahren** schneiden aus unterschiedlichsten Papieren und Pappen Stücke aus und kleben sie als Collage auf einem Tonpapier nebeneinander auf.

Sie wählen eine Farbart in einem Farbton, z. B. blaue Wasserfarbe, und färben den ganzen Bogen damit flächig ein. Kein Collagenteil wird dabei stärker oder schwächer eingefärbt, sodass am Ende sehr gut zu erkennen ist, welche Untergründe dieselbe Farbe gut, weniger gut oder gar nicht angenommen haben. Welche Erfahrungen haben die übrigen Kinder mit anderen Farben gemacht?

Farbwirbel

Die hier entstehenden Arbeiten haben durch ihren reliefartigen Charakter einen ganz besonderen Charme.

Alter: ab 5 Jahren
Material: 1 DIN-A3- und 1 DIN-A2-Bogen Tonkarton pro Kind, Wasser-, Gouache-, Fingermal- und Temperafarben

Alle Kinder testen verschiedene Farbarten auf ihren beiden Tonkartonbögen. Sie färben den DIN-A3-Bogen beidseitig mit unterschiedlichen Farben und den DIN-A2-Bogen einseitig einfarbig ein und lassen beide Bögen trocknen.

Sie schneiden den beidseitig bemalten Bogen in 2–3 cm breite Streifen und davon wiederum Rechtecke ab.

Diese Rechtecke knicken sie in der Mitte und ordnen sie auf dem einseitig bemalten Bogen zu Wirbelformationen an.

Die einzelnen Stücke kleben sie nur an einer Seite fest, sodass jeweils eine Hälfte frei von der Bildfläche absteht und der zweite Farbton sichtbar wird.

Klatschpapier

Papier kann nicht nur als Maluntergrund benutzt werden, sondern es lässt sich auch gleichzeitig aktiv als Färbwerkzeug einsetzen!

Alter: ab 3 Jahren
Material: 1 Bogen weißes Standardzeichenpapier in beliebiger Größe pro Kind, Tapetenkleister, Wasserfarben

Jedes Kind faltet einen Bogen Zeichenpapier in der Mitte zusammen und wieder auseinander.
Alle Kinder bestreichen ihr Papier mit Tapetenkleister.
Mit einem Pinsel tropfen sie sehr flüssige Wasserfarbe auf eine Hälfte des Papiers.
Sie klappen den Bogen erneut zusammen, streichen mit den Händen darüber, klappen ihn wieder auf – und siehe da: Ein kunterbuntes Spiegelbild ist entstanden!
Sie lassen das Blatt trocknen und die Werkstattleitung bügelt die Werke bei niedriger Temperatur auf der Rückseite glatt.

Die entstandenen Formen und Farbverläufe regen zum Philosophieren an: Schwebt da nicht ein Farbschaf über das Papier? Und sehen wir hier vielleicht einen Käfer unter dem Mikroskop? …

Marmorierte Bögen

Mit der Marmorier-Technik lassen sich Papiere auf besonders reizvolle Art färben und gestalten.

Alter: ab 4 Jahren
Material: 1 flache Fotowanne, Tapetenkleister, Lackfarben, Holzstäbchen, Schaschlikspieße, weißes DIN-A4-Zeichenpapier oder kräftiges Kopierpapier, Wäscheklammer

Die Werkstattleitung gibt den angerührten Tapetenkleister in die Fotowanne. Mithilfe eines Holzstäbchens gießt sie ein oder zwei Lackfarben auf den Kleister, sodass die Farben oben auf der Kleisterschicht schwimmen.
Mit einem Schaschlikspieß verwirbeln die Kinder die Farben vorsichtig zu Mustern.

Gefällt ihnen die Farbverteilung, legen sie behutsam ein weißes Blatt auf die Kleisteroberfläche.
Mit der Wäscheklammer ziehen sie das Blatt langsam von einer Ecke aus vorsichtig ab, spülen es sofort unter fließendem Wasser ab – und bewundern die entstandene Marmorierung!
Hinweis: Meist reicht die Farbe für mehrere Blätter, bevor Farbe nachgetropft werden muss.

Tropfbatik-Papier

Bei dieser Technik erleben die Kinder, dass Wachs die Poren des Papiers verschließt und keine Farbe eindringen lässt.

Alter: ab 6 Jahren
Material: 1 Bogen Standardzeichenpapier pro Kind, weiße Kerzen, Streichhölzer, Wasserfarben, viele Zeitungen, Bügeleisen

Die Kinder nehmen sich einen Bogen Papier und zünden unter Aufsicht der Werkstattleitung die Kerzen an.
Sie tropfen mit dem flüssigen Wachs auf ihr Papier, sodass mehrere Stellen damit bedeckt sind.
Alle Kinder färben ihr Blatt mit einer hellen Wasserfarbe ein und lassen die Farbe trocknen. Dabei stellen sie fest, dass das Papier dort, wo die Wachstropfen haften, keine Farbe annimmt!
Noch einmal tropfen sie Wachs auf den Bogen und färben ihn mit einer zweiten, etwas dunkleren Farbe ein; ggf. wiederholen sie diesen Vorgang noch ein drittes Mal.
Nach dem Trocknen wird das Blatt auf eine dicke Schicht Zeitungen gelegt und zwei zusätzliche Zeitungsbögen darüber gebreitet. Mit dem Bügeleisen werden auf der Stufe „Baumwolle" die Wachstropfen herausgebügelt. Dadurch kommen die unter dem Wachs liegenden Farben zum Vorschein und es entsteht eine Batikstruktur.

> **Enkaustik**
>
> Enkaustik ist eine antike Wachsmaltechnik, bei der Farbpigmente in Wachs gebunden sind. In der römisch-griechischen Antike wurden mit dieser Technik, die noch älter ist als die Ölmalerei, die Gedanken des Künstlers durch das Einbrennen in die Malfläche verewigt.
>
> Das Wachs wird mittels Wärme auf Papier aufgetragen oder eingebügelt. Die leuchtenden Farben, herrlichen Strukturen und aufregenden Effekte der Enkaustik begeistern die Kinder beim Anfertigen eigener Werke immer wieder.

Enkaustik-Papiere

Eine neue spannende Färbetechnik, die wiederum auf verschiedenen Untergründen zu unterschiedlichen Ergebnissen führt. Bei dieser Art der Papiereinfärbung sorgt der Faktor Zufall für überraschende Effekte.

Alter: ab 4 Jahren
Material: verschiedene DIN-A4-Papierbögen, z. B. Lösch-, Pergament-, Standardzeichen-, Transparent- oder Butterbrotpapier, Enkaustikwachsstifte, Zeitungspapier, altes Bügeleisen

Auf einem Tisch werden Papiersorten und Wachsstifte ausgelegt: Hier sucht sich jedes Kind neues Papier und Wachsstifte, die jederzeit ausgetauscht werden können.
An einem weiteren Tisch wird eine „Bügelstation" mit Zeitungspapier eingerichtet.
Die Werkstattleitung stellt den Kindern verschiedene Möglichkeiten vor, das Wachs aufzutragen:

- Das Pergamentpapier wird in der Mitte gefaltet und wieder auseinandergefaltet. Auf die eine Hälfte des Blatts zeichnen die Kinder mit Enkaustikstiften Muster oder Figuren, wobei sie die Farben dick auftragen. Das Blatt wird wieder zusammengeklappt, zwischen Zeitungspapier gelegt und mit dem Bügeleisen (Stufe „Baumwolle") darüber gebügelt, bis das Wachs ineinander fließt. Solange das Wachs noch flüssig ist, ziehen die Kinder den Bogen langsam auseinander, damit schöne Strukturen entstehen.
- Saugfähiges Papier wird komplett mit den Stiften bemalt und – ohne Klapptechnik – zwischen Zeitungspapierseiten gebügelt.
- Das Wachs wird direkt auf die warme Fläche des Bügeleisens (mittlere Stufe) aufgetragen und damit auf das Papier gebracht.

Die Kinder experimentieren frei mit den verschiedenen Möglichkeiten auf unterschiedlichen Untergründen. Dabei stellen sie z. B. fest, dass saugfähiges Papier zu anderen Ergebnissen führt als Papier mit einer glatten Oberfläche wie Transparentpapier.

Enkaustik-Collage

Die Enkaustik-Papiere regen zu vielfältigen Weitergestaltungen an. Sie eignen sich z. B. sehr gut für Fensterbilder, Martinslaternen, Bucheinbände oder – wie hier angeregt – für eine Collage!

Alter: ab 4 Jahren
Material: Enkaustik-Papiere (→ S. 101), DIN A3-Tonpapierbögen in verschiedenen Farben

Mit den eingefärbten Blättern gestalten die Kinder eine Enkaustik-Collage. Dazu zerschneiden sie eines ihrer Enkaustik-Papiere in mehrere beliebig große Teilstücke.
Sie suchen sich einen bunten Bogen Tonpapier heraus, arrangieren die Teile neu und kleben sie zu einer Collage auf. Schon ist ein weiteres Kunstwerk entstanden.

Ein verwandelter Kreis

*Hokus, pokus, eins, zwei, drei,
schneidest du den Kreis entzwei.
Hast jetzt lauter neue Teile,
bringst sie wieder in die Reihe?*

© Dagmar Rücker

Ein verwandelter Kreis

Alter: ab 6 Jahren
Material: 1 Bogen DIN-A2-Standardzeichenpapier pro Kind, Kreppklebeband, Wasserfarben, mehrere Bögen DIN-A3-Standardzeichenpapier pro Kind, Enkaustikwachsstifte, Bügeleisen, Zeitungen

Jedes Kind klebt einen Zeichenpapierbogen DIN A2 rundherum mit Kreppklebeband auf eine feste Malunterlage.
Darauf gestalten die Kinder mit Wasserfarben einen einfarbigen Hintergrund und lassen die Farben gut trocknen.
In der Zwischenzeit zeichnen sie einen möglichst großen Kreis auf ein DIN-A3-Blatt.
Mit den Enkaustikstiften malen die Kinder mit kräftigen Strichen bunte Muster auf ihren Kreis und schneiden diesen anschließend aus.
Alle Kreise werden so lange zwischen den Zeitungsblättern gebügelt, bis die Farben verlaufen sind.
Auf diese Weise stellt jedes Kind mehrere bunte, verschieden große Kreise her.
Alle Kreise werden in Keilstücke geschnitten und auf dem grundierten Zeichenblatt neu angeordnet.
Zum Schluss kleben die Kinder die Keilstücke auf.

Drucken

Drucken ist ein Vervielfältigungsverfahren, durch das ein Bild oder ein Text mechanisch oder manuell in beliebiger Anzahl wiedergegeben werden kann. Die ersten Handabdrucke sind schon aus der Altsteinzeit bekannt. Zum Drucken werden Druckstöcke, z. B. Stempel, benötigt, Druckträger wie Papier und zusätzlich Druckfarben. Aufwendige künstlerische Drucktechniken sind z. B. Lithografie, Holzdruck, Linolschnitt, Radierung, Siebdruck und der Offsetdruck.

Druckexperimente

Bei dieser Aktion lernen die Kinder die einfache Art des Stempeldrucks kennen.

Alter: ab 3 Jahren
Material: 1 Pappteller pro Kind, Fingermalfarben, kleine Pappschachteln und -rollen, verschiedene Papier- und Papparten

Die Kinder nehmen einen Pappteller, auf den sie von der Werkstattleitung mehrere Kleckse Fingermalfarben erhalten, und suchen sich verschiedene Druckträger aus den Papieren und Pappen aus.
Sie tauchen kleine Pappschachteln oder Röhren in die Farben und drucken sie auf die Papiere. Auf glattem Zeichenpapier entstehen z. B. aus hochkant gedruckten Klorollen bunte Ringe und aus Schachtelabdrücken witzige Häuser. Wie sieht es bei Wellpappe, Lösch- oder Transparentpapier aus?

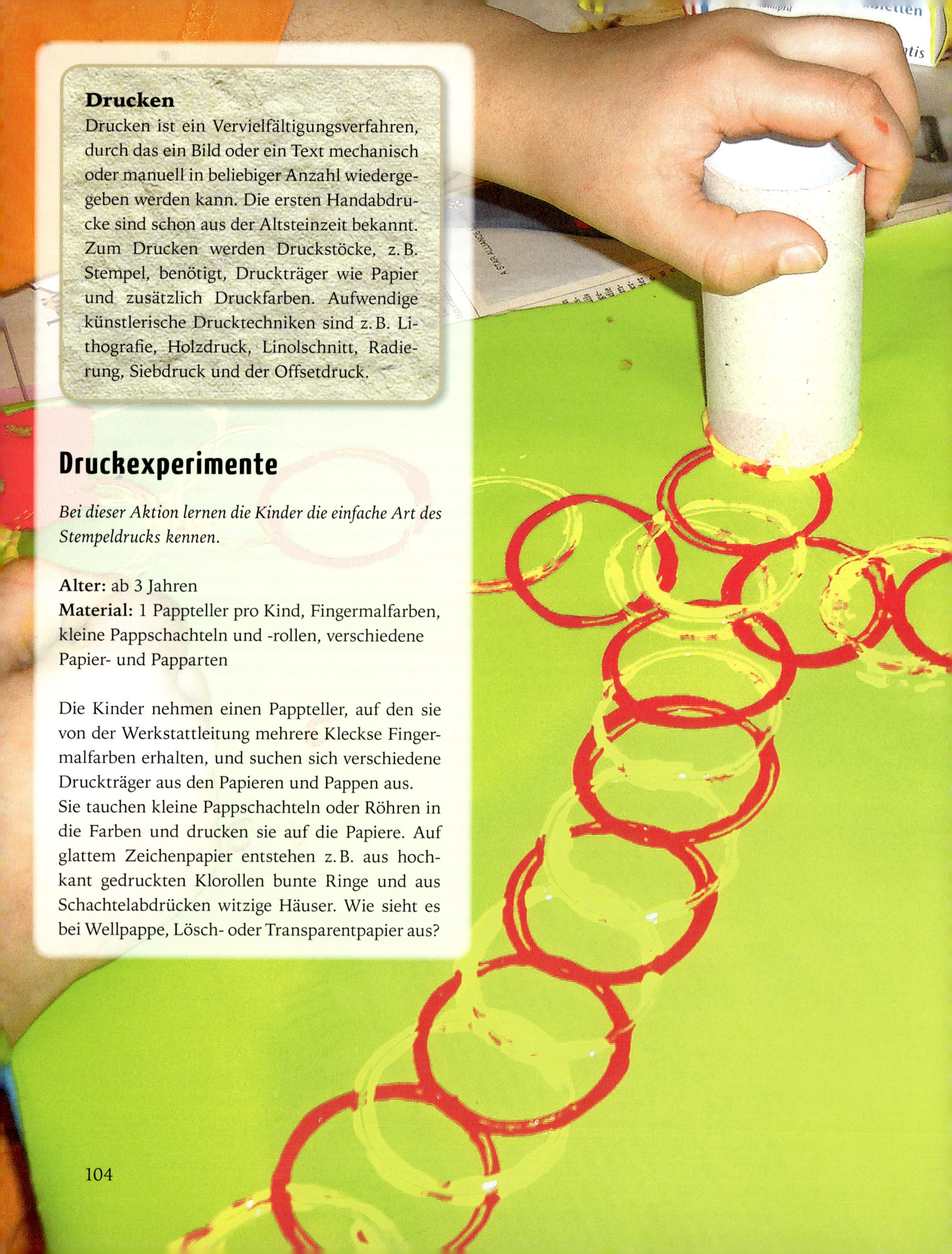

Papier für alle Fälle

Die hier gestalteten bunt bedruckten Bögen sind an sich schon kleine Kunstwerke. Sie eignen sich aber auch sehr gut als Geschenkpapier – oder als selbst entworfenes Briefpapier.

Alter: ab 4 Jahren
Material: einfarbiges Packpapier, Kreppklebeband, Temperafarben, kleine Pappschachteln und -rollen; evtl. mind. 5 helle DIN-A4-Tonpapierbögen pro Kind

Die Kinder schneiden sich ein großes Stück Packpapier ihrer Wahl ab und fixieren es auf ihrem Arbeitsplatz an allen vier Ecken mit Kreppklebeband. Sie tauchen Pabrollen oder Schachteln mit einer Seite oder Kante in die Farben und drucken damit neben- oder auch übereinander Muster oder Figuren auf das Papier. So entstehen individuelle Geschenkpapiere, die sich die Kinder für den nächsten Geburtstag oder für Weihnachten aufheben.

Variante

Kinder **ab 6 Jahren** suchen sich mehrere Bögen Tonpapier aus. Mit der Pabrollen-Drucktechnik gestalten sie ausschließlich die Ränder der Papiere und erhalten nach dem Trocknen ihr ganz eigenes Briefpapier. Ein wunderschönes Geschenk – eingepackt in das selbst bedruckte Geschenkpapier?

Drucken mit Pappe

Aus kräftiger Pappe und Wellpappe lassen sich einfache, fantasievolle Druckstöcke herstellen. Als Ausgangsmaterial eignen sich alle möglichen Funde aus dem Altpapier. Diese Drucktechnik eignet sich sowohl für experimentelles, freies Arbeiten als auch für vielfältigste Themengestaltungen.

Alter: ab 5 Jahren
Material: 5 DIN-A5-Plexiglasplatten (Reste aus dem Baumarkt), Zeitung, wasserlösliche Linoldruckfarben (Rot, Gelb, Blau, Weiß, Schwarz), 5 kleine Farbwalzen, kräftige DIN-A5-Pappstücke (Rückseiten von Zeichenblöcken etc.), Well- und Bastelwellpappenreste, schell anziehender Holzleim, DIN-A4-Standardzeichenpapier (100–120 g); evtl. Tapetenmusterbücher oder Tapetenreste vom Maler (Prägetapeten)

Vorbereitung

Die Werkstattleitung richtet fünf Stationen ein mit je einer Plexiglasplatte, Zeitung, einer Druckfarbe und einer Farbwalze.
Die Kinder suchen sich ein Pappstück als Druckstock aus und kleben darauf Reste aus Well- und Bastelwellpappe mit Holzleim auf. Sie beginnen erst mit dem Drucken, wenn der Klebstoff fest angezogen ist, da sich die Teile sonst wieder lösen oder verrutschen.
Ihren Arbeitsplatz legen sie mit Zeitungspapier aus.

Druckvorgang

Die Kinder färben ihren Druckstock an einer der fünf Stationen mit einer Farbe ein. Dazu nehmen sie mit der Farbwalze etwas Farbe auf und rollen sie gleichmäßig über die Plexiglasplatte, damit sich die Farbe auf der Walze gut verteilt. Die Farbwalze wird anschließend über den Druckstock gerollt.
Den Druckstock legen die Kinder auf ihren Arbeitsplatz und breiten vorsichtig ein Blatt Papier darüber. Sie streichen mit dem Handballen kräftig über die Rückseite des Bogens, ohne die Ecken und Kanten zu vergessen.
Der fertige Druck wird vorsichtig von einer der Ecken aus vom Druckstock abgezogen und zum Trocken ausgelegt.
Für den nächsten Druck wird ein sauberes Zeitungsblatt auf den Arbeitsplatz gelegt. Die Kinder suchen sich eine andere Farbe aus und färben ihren Druckstock erneut ein. Sie benutzen immer nur ei-

ne Walze für dieselbe Farbe und rollen sie nach Gebrauch auf Zeitungspapier sauber. Der Druckstock dagegen wird zwischen den einzelnen Druckvorgängen nicht gereinigt, damit sich die Farben mischen können. Die ersten Abzüge sind meist noch einfarbig, nach mehreren Druckvorgängen entstehen aber reizvolle Farbnuancen.

Als Ergebnis sind nicht nur die Drucke vorzuzeigen, sondern auch die Druckstöcke lassen sich in einem Rahmen oder direkt an der Wand aufgehängt interessierten Besuchern präsentieren!

Variante
Als Druckstock dienen hier Prägetapeten: Die Kinder schneiden daraus besonders erhabene Musterstellen aus.

An den Stationen 1–5 färben sie die Vorderseite ihres Tapetenstücks ein und legen es mit der gefärbten Seite auf ein Blatt Papier. Sie streichen leicht mit dem Handballen über die Tapete und ziehen sie langsam von einer Ecke aus wieder ab.

Diesen Vorgang wiederholen die Kinder mehrere Male an unterschiedlichen Stellen auf ihrem Papier, sodass immer mehr Farbnuancen entstehen. Die Drucke können sich dabei überlappen oder nebeneinander auf das Papier gesetzt werden.

Hinweis: Damit sich Tapetenstücke von der Rolle nicht immer wieder zusammenrollen, können sie von der Rückseite gebügelt werden.

Spiele aus Papier & Pappe

Es muss nicht immer teures, neues oder aufwendiges Spielzeug sein: Dieses Kapitel beschäftigt sich mit der Herstellung von einfachen Spielmaterialien aus Papier und Pappe. Die Kinder gestalten einzelne Spielelemente, Spielrequisiten und Spielfiguren und lernen den Wert selbst hergestellter Spiele, z. B. aus Zeitungspapier und Verpackungsmaterial, schätzen, da sie während des Gestaltungsprozesses in Beziehung zu ihren Arbeiten treten.

Bewegungsbaustelle

Kinder haben einen enormen Bewegungsdrang, dem in unserer Gesellschaft nicht immer Sorge getragen wird. Diese Aktion ist eine willkommene Abwechslung zu den Angeboten, bei denen Konzentration, Feinmotorik, Geduld und stilles Sitzen erforderlich sind. In spielerischem Übermut lässt sich auf der Bewegungsbaustelle auch die Grobmotorik der Kinder trainieren.

Alter: ab 4 Jahren
Material: große Kartons (z. B. TV- oder Waschmaschinenverpackungen), große, feste Papprollen

Die Kinder bauen aus Kartons und Papprollen eine Bewegungsbaustelle:
- Sie legen kleine Kisten zum Drüberspringen hintereinander aus.
- Sie stellen große Papprollen auf der schmalen Seite zum Slalomlauf auf.
- Sie legen große Kartons mit geöffnetem Deckel und Boden zum Hindurchkrabbeln auf den Boden.
- Sie legen Pappröhren auf den Boden und hüpfen auf einem Bein darüber.
- An einer Stelle im Raum legen sie viele verschieden große Kartons bereit, die so schnell wie möglich zu großen Türmen aufeinandergestapelt werden müssen …

Welche Ideen kommen den Kindern noch beim Aufbau? Die Bewegungsbaustelle kann jederzeit umgebaut, erweitert oder verkleinert und an das Alter der Kinder angepasst werden.

Auf Schatzsuche

Was ist bloß in dieser Schatztruhe versteckt? Mit viel Vergnügen stürzen sich die Kinder in eine vergnügliche Schatzsuche.

Alter: ab 4 Jahren
Material: Zeitungspapier, 1 großer Karton (z. B. Waschmaschinenverpackung)

Die Kinder werfen viele geknüllte und geknitterte Zeitungspapierseiten in den großen Karton, bis dieser ca. zu Dreivierteln gefüllt ist. Nun kann die Schatzsuche beginnen!

Ein Kind verlässt den Raum. Die anderen Kinder verstecken einen Gegenstand in der großen Papierschatzkiste, z. B. einen kleinen Ball, ein Tuch oder einen Schuh. Das Kind vor der Tür kommt wieder herein und begibt sich auf Schatzsuche: Es stürzt sich in die Papiermassen und gräbt und wühlt sich bis zum Schatz durch. Die anderen Kinder zählen gemeinsam mit der Werkstattleitung laut die Sekunden, bis das Kind den Schatz entdeckt hat und laut ruft: *„Schatz gefunden!"*

Das schnellste Kind gewinnt das Spiel und wird zum König oder zur Königin der Schatzsucher.

Ringe werfen

Dadurch, dass die Ringe aus Papier handgemacht und nicht gleichmäßig sind, ist es gar nicht so einfach, damit die Papprollen zu treffen. Bei diesem Spiel sind Zielwasser und Augenmaß gefragt.

Alter: ab 5 Jahren
Material: Zeitungspapier, Kreppklebeband, buntes Paketklebeband, lange Papprollen

Vorbereitung

Die Kinder knautschen und wickeln eine Seite Zeitungspapier zu einer Wurst und biegen die Enden zueinander.
Die Werkstattleitung hilft dabei, die Enden mit Klebeband zu einem Wurfring zu verbinden.
Jeder Ring wird mit Kreppklebeband vollständig umwickelt.
Alle Kinder knautschen und kleben sich auf diese Weise drei eigene Papier-Wurf-Ringe.

Spielablauf

Die Werkstattleitung steckt mehrere Papprollen draußen so tief in den Sand oder in die Erde, dass diese nicht umfallen können. Mit einem Stock zieht sie eine Wurflinie in den Sand.
Ein Kind stellt sich mit seinen drei Ringen mit den Fußspitzen an die Linie. Ziel ist es, alle Ringe über eine der Rollen zu werfen. Wer dazu die wenigsten Versuche benötigt, ist SiegerIn.

Formen tasten

Mit den Fingern sehen – geht denn das? Bei der Herstellung und beim Spielen mit den Tastkarten trainieren die Kinder ihre Feinmotorik, ihren Tastsinn und entwickeln eine Vorstellungskraft für Formen.

Alter: ab 6 Jahren
Material: Blanko-Spielkarten, dicke schwarze Filzstifte, Prickelnadeln, Filzunterlagen, 1 Tastbox (→ S. 48 „Kisten-Schnipselei") oder ein Sport- oder Stoffbeutel

Vorbereitung

Jedes Kind zeichnet mit schwarzem Filzstift auf zwei Blanko-Spielkarten je eine identische Form. Es prickelt die Linien der Formen entlang und löst danach die Formen vorsichtig heraus. Dafür müssen die Prickellöcher sehr eng gestochen werden.

Spielablauf

Alle Kartenpaare zusammen ergeben ein Formen-Tastspiel: Die Kinder werfen alle Karten in eine Tastbox. Ein Kind steckt eine Hand hinein und zieht eine Karte heraus. Es schaut sich die Karte gut an und betastet die ausgeprickelte Form. Kann es die identische Formenkarte blind in der Box ertasten?

Zieht es die passende Karte heraus, darf es weiterspielen; ist es die falsche Karte, ist das nächste Kind an der Reihe und die erste Karte kommt zurück in die Box.

Hinweise:

- Das Spiel eignet sich für eine Kleingruppe oder als Partnerspiel.
- Die Anzahl der Karten wird dem Alter der Kinder angepasst.

Variante

Für jüngere Kinder zeichnet die Werkstattleitung die Formen auf den Karten vor (großer Kreis, winziger Kreis, längliches Rechteck, Quadrat, Schlangenform …). So entstehen deutlich unterscheidbare Formen, die sich leichter ertasten lassen.

Memory

Das Memory-Spiel ist ein alter Klassiker. Es wird bis heute immer wieder in unterschiedlichen Ausführungen im Handel angeboten. Kinder lieben dieses Spiel und können Erwachsene mit ihrem guten Gedächtnis jederzeit in den Schatten stellen.

Alter: ab 4 Jahren
Material: blanko Memorykarten, Papierreste unterschiedlicher Farbe, Oberfläche und Struktur, kleine Pappkiste

Die Kinder schneiden aus einem Papierrest zwei identische Stücke aus und bekleben damit zwei Memorykarten. So entsteht z. B. ein rot-glattes Paar, ein blau-welliges oder ein weiß-hubbeliges Kartenpaar … und am Ende ein komplettes Memoryset.

Die kleine Papierkiste wird ebenso mit Papierresten beklebt und zur Spielbox für das Memory.

Stabpuppen

Der Ursprung der Stabpuppen liegt in Indonesien. Kleine Theatergruppen geben mittels der Stabpuppen alte Geschichten, Mythen und Wissen weiter.
Kinder lieben es, mit Puppen oder Figuren kleine Theaterstücke vorzuführen. Sie haben dadurch die Möglichkeit, in eine andere Rolle zu schlüpfen und die dazu gehörigen Verhaltensmuster auszuprobieren: stark wie ein Löwe, schlau wie ein Fuchs oder wunderschön wie eine Prinzessin!

Alter: ab 4 Jahren
Material: gebrauchsfertige Pappmaschee-Masse (→ S. 33), 1 Geranienstab pro Kind, Papierreste, Papierstreifen, Toilettenpapier

Die Kinder kneten aus der gebrauchsfertigen Pappmaschee-Masse tennisballgroße Kugeln, die sie mithilfe der Werkstattleitung fest auf einen Geranienstab drücken. So entstehen die Puppenköpfe, die je nach Raumtemperatur ca. zwei Tage trocknen müssen.
Den getrockneten Kopf und den Stab bekleben die Kinder mit Papierresten, -streifen und Toilettenpapierstücken, sodass witzige Papierfiguren entstehen.
Mit diesen fantastischen Papierwesen lässt es sich wunderbar auf der „Kinderbühne Kunterbunt" (→ S. 120) spielen!

Handpuppen

In dieser Aktion verwandeln die Kinder schlichte Papierumschläge in witzige Handpuppen, die sie ganz einfach über ihre Hand stülpen und damit lustige kleine Geschichten erzählen können.

Alter: ab 3 Jahren
Material: 1 DIN-A5-Umschlag pro Kind, Papierreste, Papierstreifen, Luftschlangen

Jedes Kind erhält einen Umschlag und gestaltet daraus eine individuelle Handpuppe. Dazu legt es den Umschlag mit der geöffneten Seite nach unten vor sich auf den Arbeitsplatz und beklebt die Vorderseite mit Papierschnipseln, Papierstreifen und Luftschlangen. So entstehen zottelige Schnipselaugen, dicke Papierknautschnasen und witzige Luftschlangenhaare.
Die kurze geschlossene Seite des Umschlags kann auf Wunsch ein Stück aufgeschnitten werden, sodass z. B. Finger als Ohren oder zusätzliche Haare hindurchgesteckt werden können.
Die Kinder stülpen ihren Umschlag über eine Hand und bewegen diese im Kuvert. So entstehen zum einen Knister- und Raschelgeräusche, zum anderen werden dadurch Gesicht und Körper der Figur lebendig – ein toller Effekt auf der Puppenspielbühne!

Großformatige Projekte

Manchmal darf es ein Mehr an Raum und Zeit sein: In diesem Kapitel werden Aktionen vorgestellt, die den Rahmen der gewöhnlichen DIN-Normen sprengen und nicht mehr auf kleinen Tischen händelbar sind. Manche Ideen brauchen in der Umsetzung auch mehr Zeit, weil sie mehrere Einzelschritte beinhalten.

Viele der großen Aktionen lassen sich nur in der Gruppe bewältigen. Künstlerische Gemeinschaftsarbeiten vermitteln kreatives Arbeiten nicht isoliert, sondern immer verbunden mit Erfahrungen im sozialen Gefüge. Die Kinder lernen dabei, eigene Idee zu vertreten, sich mit anderen Kindern auseinanderzusetzen und Kompromisse einzugehen.

Außerdem verändern sich bei großen Objekten die Perspektive und die Raumwahrnehmung – eine gute Schulung der Sinne und im wahrsten Sinne des Wortes eine Horizonterweiterung!

Riesen-Farbräder

Die Kinder toben sich hier auf riesigen Pappkreisen ordentlich aus – mal allein, mal gemeinsam in der Kleingruppe.

Alter: ab 5 Jahren
Material: 1 Wellpappkreis pro Kind (ca. 120 cm Ø, Verpackung der Makulaturpapierrollen), Naturwellpappe, weißes Seidenpapier, Tapetenkleister, Fingermal- oder Gouachefarben; evtl. bunte Papierschnipsel, große Plastikplane, Gartenschlauch

Wenn möglich gehen die Kinder mit ihren großen Pappkreisen nach draußen und breiten sich dort auf der Wiese oder auf Plastiktischen aus.
Aus der Wellpappe und dem Seidenpapier reißen sie viele Stücke, die sie mit Kleister auf ihren Pappkreis kleben, sodass eine interessante Oberflächenstruktur entsteht.

Mit den flüssigen Farben bemalen, bespritzen und begießen sie ihre Pappkreise. Solange die Farbe noch feucht ist, lassen sich weitere Seidenpapier- oder Wellpapierstücke einkleben oder andere entfernen.

Die fertigen Farbräder eignen sich z. B. – einzeln oder in Kombination – als ungewöhnliche Wandinstallation im Gruppenraum!

Varianten

- Die Werkstattleitung legt in die Mitte eines Tisches eine große Wellpappscheibe. Eine Kleingruppe von vier bis fünf Kindern stellt sich darum herum auf.

  Die Kinder bekommen von der Werkstattleitung eine große Menge Tapetenkleister in die Mitte der Scheibe gegossen, die sie gemeinsam mit den Händen verschmieren.

  Die Kinder nehmen sich bunte Papierschnipsel und matschen sie in den Tapetenkleister. Nach und nach gießt die Werkstattleitung Farbe dazu – und weiter geht der Matschspaß!

- Im Sommer wird draußen eine große Plastikplane ausgebreitet und darauf werden die Pappkreise ausgelegt. Die Kinder ziehen Badesachen an und verteilen Kleister, Schnipsel und Farben mit dem ganzen Körper auf den Kreisen: Sie laufen oder tanzen zu Musik mit den Füßen darüber, machen Arm- oder Knieabdrücke oder wälzen sich mit dem ganzen Körper über die Scheiben. Am Ende werden die kleinen KünstlerInnen unter dem Gartenschlauch wieder sauber geschrubbt.

Hinweis: Die Wellpappkreise sind meist kostenlos bei Druckereien für Tageszeitungen zu bekommen. Sollten keine Kreise zur Verfügung stehen, legt die Werkstattleitung stattdessen Rechtecke oder Quadrate in entsprechender Größe bereit.

Stecksäule für Flur & Garten

Was kann wohl aus einem langweiligen, braunen Wellpapphaufen so alles entstehen?

Alter: ab 5 Jahren
Material: 1 großer, länglicher, stabiler Verpackungskarton (Möbelstück o. Ä.), Gouachefarben in Rot, Gelb, Blau, Weiß und Schwarz, Malerröllchen, Schälchen, viele Wellpappstücke (Altpapier), Ölpastellkreiden

Die Kinder falten den Verpackungskarton mithilfe der Werkstattleitung auseinander und legen ihn flach auf den abgedeckten Boden. Dort gestalten sie das Gerüst ihrer Stecksäule mit Pinseln und Malerröllchen farbig. Falls sie in die Säule hineinsehen können, wird der Karton auch von der anderen Seite bemalt.

Jedes Kind zeichnet den Umriss einer Form auf ein Pappstück und schneidet diese mit einem Cutter aus. Die Form sollte so groß sein, dass sie sich nachher gut an die Säule stecken lässt.

Mit Ölpastellkreide gestalten die Kinder ihre Formen auf beiden Seiten farbig und entwerfen Muster. Die Kreide wird dabei kräftig aufgetragen, damit die Farben gut zur Geltung kommen. Wer Lust hat, stellt weitere Formen her.

Mithilfe der Werkstattleitung stellen die Kinder das getrocknete Pappgerüst hochkant als Säule auf. Alle beraten gemeinsam, an welcher Stelle der Säule die einzelnen Teile angesteckt werden sollen. Dabei bedenken sie, dass die Säule von allen Seiten aus zu betrachten sein soll. Haben sie sich geeinigt, werden mit dem Cutter an den passenden Stellen Schlitze in die Säule gemacht und die Pappteile eingesteckt.

Das entstandene Kunstobjekt lässt sich an einer Regengeschützten Stelle im Garten oder als Blickfang im Eingangsbereich der Einrichtung aufstellen.

Verpackungskünstler

Eine Papierwickelaktion für Gruppen, angeregt durch den Verpackungskünstler Christo und seine verstorbene Frau Jeanne-Claude, die nicht nur Gegenstände, sondern z. B. auch Gebäude, Brücken, Strände und Inseln verpackt haben. Dabei wird ein vertrauter Gegenstand oder eine vertraute Ansicht bewusst verhüllt und dem direkten Blick entzogen. Diese Verfremdung lenkt den Fokus des Betrachters wieder auf ein wenig beachtetes Objekt und verändert und sensibilisiert die Wahrnehmung auch nach dem Auspacken.

Kinder-Steckbrief Christo

Der Künstler Christo wurde 1935 in Bulgarien geboren und arbeitete mit seiner Frau Jeane-Claude zusammen, die im November 2009 gestorben ist.

Überall in der Welt haben sie schon Sachen eingepackt. Wann Christo genau auf diese Idee kam, weiß er selbst nicht mehr so genau. Wahrscheinlich hat er schon als Kind damit angefangen. Das kennt ihr z. B. vom Einkaufen, wenn die Marktfrau Obst und Gemüse in Zeitungspapier wickelt, von der Post, die jeden Tag verschnürte Päckchen und Pakete durch die Welt schickt – oder natürlich vom Geburtstag oder von Weihnachten, wenn es Geschenke gibt. Auch an den Gepäckbändern auf dem Flughafen sind wundersam geformte und verschnürte Gepäckstücke zu entdecken und wir fragen uns dann: Was mag da wohl drin sein?

Genau das interessiert Christo bei seinen Verpackungsaktionen. Am Anfang hat er Flaschen und Dosen verpackt. Mit der Zeit aber wurden die Sachen immer größer. Aus Dosen wurden Tonnen, Stühle, Fahrräder, Motorräder, Gepäckanhänger, Schubkarren, Gepäckträger und Bäume entlang einer Straße. Er wagte sich sogar an ganze Gebäude, Türme, Brücken, ja sogar an Parks, Inseln und an einen ganzen Küstenstreifen in Australien. 1995 hat er den Reichstag in Berlin verpackt, kurz bevor dieser umgebaut wurde.

Etwas, das wir jeden Tag sehen, nehmen wir nicht mehr bewusst wahr. Da wir uns an den Anblick gewöhnt haben, übersehen wir es einfach. Wird dieses Objekt nun von Christo eingepackt, erscheint es uns wieder viel geheimnisvoller und unsere Augen beginnen neugierig die Umrisse zu erforschen.

Wichtig für Christo war es allerdings auch, anschließend alles wieder auszupacken. Dann können wir vergleichen, welche Unterschiede wir entdecken können. Wir schauen uns dadurch die Gegenstände, Brücken, Gebäude und Landschaften wieder viel genauer an.

Vielleicht fragt ihr euch, was daran Kunst ist? Für die bildende Kunst, also z. B. bei Gemälden oder Skulpturen, ist das Sehen wichtig und unsere Augen müssen dieses genaue Hinsehen erst einmal lernen. Aktionen wie die von Christo helfen uns dabei!

© Dagmar Rücker

Alter: ab 5 Jahren
Material: Anschauungsmaterial zur Arbeit von Christo (z. B. www.christojeanneclaude.net), Makulaturpapier, Kreppklebeband, Wollreste

Vorbereitung

Die Werkstattleitung betrachtet gemeinsam mit den Kindern auf Bildern, in Büchern oder Katalogen einige Christo-Aktionen und liest ihnen den Steckbrief vor. Sie besprechen gemeinsam, was sie über die verpackten Objekte erfahren: Was können sie unter der Verpackung erkennen, was nicht (Oberflächenbeschaffenheit, Farbe, Form, Struktur, Größe …)? Haben die verpackten Objekte eine bestimmte Wirkung auf die Kinder, gefallen sie ihnen oder nicht? …

Gestaltungsaktion

Alle machen sich zusammen auf die Suche nach großen Gegenständen in der Einrichtung, die evtl. auch stapelbar sind. Es eignen sich Tische, Stühle, Leitern, Kleiderständer, Fahrräder usw.
Haben die Kinder einige Objekte ausgewählt und zusammengetragen, entscheiden sie, wie die Gegenstände zusammengestellt werden, sodass ein großes, interessantes Objekt entsteht. Vielleicht bleibt dabei auch ein Gegenstand allein stehen?
Ist alles fest und sicher aufgestellt, beginnt die Einwickelorgie: Immer zwei Kinder reißen zusammen eine lange Bahn von der Papierrolle ab. Mithilfe der Werkstattleitung wird diese um das Objektgerüst gewickelt und mit Kreppklebeband fixiert.
Mit diesem Vorgang fahren die Kinder so lange fort, bis das gesamte Objekt gut verpackt ist und keine Ecke mehr hervorblitzt.

Jedes Kind nimmt sich ein Wollknäuel. Das Ende des Fadens wird an einer Stelle des Objekts befestigt – und los geht der Wollwickelspaß. Alle verschnüren das Objekt gleichzeitig.
Am Ende wird das entstandene Objekt für Besucher freigegeben. Wer kann aufgrund der Umrisse erraten, was hier verpackt ist?
Natürlich darf zum Schluss die gemeinsame Auswickelaktion nicht vergessen werden! Wie erleben die Kinder die wieder ausgepackten Gegenstände? Sehen alle noch genauso aus wie vorher?

Mobile

„Wenn alles klappt, ist ein Mobile ein Stück Poesie, das vor Lebensfreude tanzt und überrascht".

Alexander Calder

Das Wort „Mobile" bedeutet in der lateinischen und italienischen Sprache „beweglich". In der Kunst verstehen wir darunter eine Art der kinetischen Plastik: Einzelne Objekte hängen an dünnen Metall-, Holz- oder Kunststoffstäben. Durch Luftströmung wird das Gebilde in eine schwingende Bewegung gebracht. Der Name „Mobile" wurde in der Kunst 1932 für die frühen Werke von Alexander Calder geprägt. Er schuf u.a. riesengroße Objekte, die trotz ihrer Größe und Schwere auf den Betrachter sehr leicht wirken. **(www.atelier-calder.com)**

Alter: ab 3 Jahren
Material: buntes Tonpapier, unterschiedlich dicke Tonpapier- und Tapetenstreifen, Faltpapier in verschiedenen Farben, Formen und Größen, Prickelnadeln, Filzunterlagen, viele Drahtkleiderbügel (aus der Reinigung)

Die Kinder experimentieren mit den Papieren und nutzen alle Möglichkeiten: Falten, Reißen, mit der Schere Wellen, Zacken, Fransen oder Spiralen schneiden, Knautschen, Kleben, Prickeln etc.
Für das Mobile eignen sich viele lange, dünne Streifen oder spezielle Ringe und Kettengeflechte aus Papierstreifen. Die Kinder nutzen ihre Experimentierideen, um ihr Mobile auszustatten.
Die einzelnen Teile werden mithilfe der Werkstattleitung an einem Metallbügel befestigt. Dabei probieren die Kinder, wie sich die Papierelemente am besten miteinander verweben und kombinieren lassen, sodass ein kunstvolles Mobile entsteht.

Sind alle Kinder mit ihrem eigenen Mobile fertig, kombinieren sie mehrere Einzelwerke zu einem größeren Gesamtwerk. An welchen Bügel lassen sich weitere Bügel anhängen? Gibt es Einzelobjekte, die sich farblich oder strukturell ähneln – oder vielleicht einen spannenden Gegensatz bieten? Besonders ansprechend wirken die Gebilde vor dem Fenster oder frei im Raum aufgehängt. Ebenso reizvoll ist es, wenn die Mobiles durch eine Lichtquelle bestrahlt werden und dadurch Schattenspiele entstehen, die sich im Luftzug ständig verändern.

Kinderbühne Kunterbunt

Bei dieser Aktion entsteht eine Kiste, die es wirklich in sich hat: Da öffnet eine Theaterbühne ihre Pforten, die die Kinder mit Puppen beleben, oder wir entdecken einen Fernseher, der die komischsten Sendungen ausstrahlt …

Alter: ab 4 Jahren
Material: 1 sehr großer, rechteckiger Pappkarton (Möbel- oder Waschmaschinen-Verpackung), Fingerfarben, Papierreste

Die Werkstattleitung schneidet mit einem Cutter in eine Seite des Pappkartons ein großes Fenster, das fast die gesamte Seite des Kartons einnimmt. Das Fenster kann komplett herausgeschnitten oder so angeschnitten werden, dass sich die Flügel wie Türen öffnen lassen.
Die restlichen Seiten des Kartons werden von den Kindern mit Fingerfarben bunt bemalt oder mit Papierresten beklebt. Die Standfläche kann hierbei ausgespart werden.
Auf dieser Bühne spielen die Kinder Puppentheater (→ S. 110 f. „Stabpuppen" / „Handpuppen"), moderieren Fernsehsendungen oder äußern in der Kinderkonferenz ihre Meinung.

Ein Thron für das Geburtstagskind

Hier kommen noch einmal verschiedene Techniken wie z. B. das Kaschieren zum Einsatz – diesmal als Gemeinschaftsprojekt, bei dem ein Möbelstück bearbeitet und verfremdet wird.

Alter: ab 5 Jahren
Material: 1 alter Stuhl, Hasendraht, Schießtacker, Zeitungen, Kreppklebeband, Packpapier, Tapetenkleister, Acrylfarben, durchsichtiger Sprühlack

Die Kinder gestalten einen alten Stuhl zu einem Geburtstagsthron um. Dazu sind verschiedene Arbeitsschritte notwendig.

Verändern

Um an einem alten Stuhl größere Teile zu verändern oder hinzuzufügen, nehmen die Kinder den Hasendraht zu Hilfe. Wollen sie z. B. die offene Fläche zwischen Lehne und Sitzfläche schließen, spannen sie den Draht über das Loch und befestigen ihn mit Unterstützung der Werkstattleitung mit einem Schießtacker. Oder sie formen aus Hasendraht eine neue Fußstütze, die ebenfalls an den Stuhl getackert wird.

Die Kinder verändern den Stuhl weiter, indem sie zusätzliche Teile aus Zeitungspapier knautschen und rollen, z. B. für die Verbreiterung der Sitzfläche oder der Armlehne. Je mehr Zeitungsseiten bei gerollten Teilen verwendet werden, desto stabiler wird die Rolle, die überraschend tragfähig sein kann. Damit sie sich vor der weiteren Montage nicht aufrollt, wird sie mit einem Stück Klebeband fixiert und damit direkt am Stuhl befestigt.

Kaschieren

Die Kinder reißen das Packpapier in viele handtellergroße Stücke, die für das Kaschieren des gesamten Stuhls ausreichen müssen.

Sie bekleben den Thron von allen Seiten mit eingekleisterten Papierstücken, sodass eine einheitliche Oberfläche entsteht. Bei stabilem Packpapier reicht eine Lage aus; nur an unstabilen Übergängen empfiehlt es sich, zwei oder mehr Lagen aufzutragen. Dabei sollte reichlich Kleister verwendet werden. Auch die Unterseite des Stuhls und die Füße werden beklebt, da sich das Papier beim Trocknen zusammenzieht und sich sonst wieder lösen oder die Papieroberfläche reißen kann.

Trocknen

Die Trocknungszeit richtet sich nach der Wetterlage und ist von Fall zu Fall verschieden; eine Nacht sollte aber ausreichen.

Farbliche Gestaltung

Die Kinder grundieren die Oberfläche ihres Throns mit einem breiten Pinsel. Dazu wählen sie unterschiedliche Acrylfarben.

Nachdem die Farbe angetrocknet ist, bemalen sie ihren Geburtstagsthron mit feineren Pinseln: Es entstehen Konturen, Muster oder Strukturen, kunterbunt, filigran, knallig oder gedeckt …

Trocknen und Lackieren

Damit die Farbe auf dem Thron stabiler wird, sollte die Oberfläche mit einem Klarlack behandelt werden. Dazu muss die Farbe auf dem Thron gut durchgetrocknet sein.
Die Lackierung sollte von der Werkstattleitung an einem gut gelüfteten Ort, am besten im Außenbereich vorgenommen werden.

Neubuchstadt

Alte Bücher müssen nicht auf dem Papiermüll landen. Für kleine Leseratten bietet sich hier die Gelegenheit, ausrangierten Büchern eine neue Lebensaufgabe zu geben. Eine komfortable, geräumige Stadt aus „Buchhäusern" soll entstehen. Liest du noch oder wohnst du schon?

Alter: ab 6 Jahren
Material: 1 altes Buch und 1 Holzbrett (0,5–1 cm dick, in der Größe des Buchs) pro Kind, Kreppklebeband, Holzleim (schnell klebend), Papierreste; evtl. Gouachefarben in Rot, Blau, Gelb, Weiß und Schwarz

Jedes Kind sucht sich aus dem gesammelten Bücherhaufen ein altes Buch aus. Aus besonders großen Büchern bauen mehrere Kinder gemeinsam ein Haus. So entstehen Häuser unterschiedlicher Größe für „Neubuchstadt".

Papierrollen herstellen

Die Kinder reißen entweder alle Seiten des Buchs aus dem Einband oder sie trennen sie mit einem Cutter heraus.
Aus den losen Seiten stellen sie Papierrollen her. Dazu legen sie jeweils zwei bis drei Seiten übereinander, rollen diese zu einer stabilen Röhre zusammen und fixieren sie mit einem Streifen Kreppklebeband.

Hausbau

Die Kinder bauen die Papierrollen als Hauswände mit einer Stapeltechnik auf dem Holzbrett zusammen. Dazu kleben sie die ersten beiden Rollen mit dem Holzleim an zwei gegenüberliegenden Seiten des Bretts parallel zueinander auf. Der Abstand der Rollen zueinander markiert dabei die Größe des Hauses – hier richten sich die Kinder nach der Größe des aufgeklappten Bucheinbands.
Die nächsten beiden Rollen werden rechtwinklig dazu auf die Enden der ersten beiden Rollen geklebt. Die fünfte und sechste Rolle werden wiederum auf den Enden der dritten und vierten Rolle befestigt, sodass sie über der ersten und zweiten Rolle liegen usw.

Erst wenn bei den Wänden der Leim angezogen ist und sie nicht mehr verrutschen können, wird das Dach mithilfe der Werkstattleitung fixiert. Dazu kleben die Kinder eine große Buchseitenrolle in die Mitte ihres aufgeschlagenen Buchdeckels. Das entstandene Dach wird auf den Hauswänden fixiert.

Ausgestaltung

Aus nicht verbrauchten Buchseiten werden Buchstaben oder Textpassagen ausgeschnitten und als Collage an die Wände des Hauses geklebt. Aus weiteren Papierresten oder Buchseitenrollen entsteht z. B. der Baum im Garten oder es wird damit die Straße um das Haus herum mit Blumen, Hecken, Verkehrsschildern oder Tieren ausgestaltet. Das Dach sieht noch echter aus, wenn es mit Papierdachziegeln beklebt wird.

Am Ende werden alle Häuser nebeneinander zu einer Siedlung angeordnet: Willkommen in „Neubuchstadt"!

Variante

Die Kinder bemalen ihr fertiges Haus mit Gouachefarben.

Urwaldmode

In Papua-Neuguinea, einem australischen Inselstaat im Pazifik, schallen die Trommeln durch den Urwald. Das jährliche Sing-Sing, das große Stammestreffen aller Papuastämme, wird angekündigt. Es wird ein großes Fest mit Musik und Tanz geben. Natürlich legt jeder Stamm großen Wert auf seine eigene Kleidung und seine individuellen Tänze. Ein Wettbewerb ist ausgeschrieben: „Welcher Stamm bietet den prächtigsten Eindruck und zeigt die besten Tänze?" Ehrensache, dass sich alle Teilnehmer für dieses Fest fein herausputzen. Auch Häuptling Ambua fordert seinen Clan auf, sofort mit den Vorbereitungen zu beginnen. Diesmal haben sich die Ältesten im Dorf für ein modernes Outfit aus Hut, Umhang und einer coolen Sonnenbrille entschieden – auch die Papuas gehen mit der Zeit. Aber bunt muss alles sein, sehr bunt sogar, wie das Federkleid der Paradiesvögel im heimischen Urwald.

Alter: ab 6 Jahren
Material: Pappe, 1 weißer, stabiler Pappstreifen (42 × 15 cm) pro Kind, farbige Krepppapierstreifen, selbstklebende Glitzerfolie, Papierreste, Gummiband, mehrere Rollen buntes Packpapier, weiße, kräftige Pappe, Gouachefarben, buntes Krepppapier, Wäscheleine und -klammern, lange Stoffbänder oder -schleifen

Sonnenbrillen

Die Werkstattleitung bereitet mehrere Schablonen für die Brillen vor, um den jüngeren Kindern bei der Größenanpassung zu helfen.

Die Kinder übertragen eine ausgesuchte Brillenschablone auf einen weißen Pappstreifen; wer mag, entwirft ein eigenes Modell.

Die Kinder schneiden ihr Brillengestell aus und lassen es sich von der Werkstattleitung an ihren Kopf anpassen.

Sie umwickeln das Gestell vollständig mit farbigen Krepppapierstreifen und kleben die Enden jeweils fest. Die Kinder schmücken ihre Brille nach Belieben mit selbstklebender Glitzerfolie, Papierresten und selbst geflochtenen Bändern aus Krepppapierstreifen.

Die Werkstattleitung hilft den Kindern bei der Befestigung eines Gummibands an den Brillenbügeln, damit die Brillen nicht ständig von der Nase rutschen.

Hüte

Aus einem großen Stück Packpapier (ca. 70 × 100 cm) falten die Kinder mithilfe der Werkstattleitung einen individuellen Hut: ein einfacher Zeitungshut, ein Wickelturban oder eine Knautschmütze – alles ist möglich.

Aus kräftiger Pappe entstehen Hutkrempen und Mützenschilder, die angeklebt oder festgetackert werden.

Die Kinder bemalen ihren Hut mit fantasievollen Mustern oder Farbflächen.

Nach dem Trocknen gestalten sie ihn mit Glitzerfolie, geknautschten Papierblumen, Papierfedern oder Krepppapierbändern aus.

Umhang

Die Werkstattleitung schneidet für jedes Kind ein ca. 1 m langes Stück Packpapier von der Rolle ab. Die Kinder legen die Ecken der schmalen Seiten aufeinander und falten den Bogen einmal in der Mitte zusammen.

Sie legen ihn mit der offenen Blattkante nach unten vor sich auf den Arbeitsplatz, zeichnen an der geschlossenen Faltlinie in die Mitte ein Loch für den Halsausschnitt und schneiden es aus.

Sie falten den entstandenen Umhang wieder auseinander und bemalen die vordere Seite mit Mustern und Farbflächen.

Die Werkstattleitung hängt die feuchten Umhänge zum Trocknen auf eine Wäscheleine.

Nach dem Trocknen tackern die Kinder mithilfe der Werkstattleitung an Saum und Halsausschnitt Krepppapierbänder als Verzierung fest.

Die Umhänge werden beim Anziehen mit Stoffbändern oder Schleifen als Gürtel um die Taille der Kinder gebunden.

Modenschau

Geschmückt mit Sonnenbrille, Hut und Umhang bricht nun der ganze Stamm zum Sing-Sing auf. Beim Klang wilder Trommelmusik stellen die einzelnen Stammesmitglieder auf einem Laufsteg nacheinander den anderen Festbesuchern ihr Urwaldkostüm vor. Die Werkstattleitung oder ein Kind moderiert die Urwaldmodenschau: *„Hier sehen wir das Modell Südseevogel mit Schnabelmuster und Federoptik, und dort kommt das gewagte Urwald-Outfit Sonnentraum mit viel Bein- und Armfreiheit zum Trommeln. Bitte Applaus für …"*

Anhang

Register

Auf Schatzsuche	108
Bau-Experimente	82
BaumeisterInnen	19
Bewegungsbaustelle	107
Bunter Matsch-Spaß	23
Buntes Schöpfen	87
Die Elefantenparade	79
Drahtweberei	68
Drucken mit Pappe	105
Druckexperimente	104
Ein bunter Papierberg	14
Ein Knick im Streifen	61
Ein Thron für das Geburtstagskind	120
Ein verwandelter Kreis	103
Eine Rolle Papier	15
Eine Schüssel Pappmaschee	33
Enkaustik-Collage	102
Enkaustik-Papiere	101
Experimente mit der Prickelnadel	71
Falt-Allerlei	62
Faltexperimente	60
Fantastische Bauten	29
Farbnester	47
Farbwirbel	98
Fließende Formen	53
Flussdampfer	85
Formen tasten	110
Fühlbilder aus Wellpappe	56
Geheimnisvoller Papierhaufen	16
Geschenktüten	49
Gespenster	43
Glitzerdrache Kunibert	50
Grußkarten	90
Handpuppen	112
Hand-Schatten-Collage	58
Im Pappschachtelland	18
Immerneu	77
Ins Netz gegangen	68
Kaschierte Kugeln	27
Kinderbühne Kunterbunt	120
Kisten-Schnipselei	48
Klatschpapier	99
Knabberlöcher	72
Knautsch-Druck	40
Knautschen & knüllen	38
Komplementäre Schachtelkunst	32
Kreuz und quer	66
Kribbel-Krabbel-Käfer	44
Kugelige Girlanden-Deko	35
Kunstvolle Eisbecher	27
Leporello	92
Lustige Spießgesellen	73
Marmorierte Bögen	100
Matsch-Kisten	25
Matsch-Pampe	21
Matsch-Schlange	22
Memory	111
Mobile	119
Muster auf Pappe	34

Neubuchstadt	122
Neue Haut für Schachtel & Co.	28
Papier für alle Fälle	105
Papier prägen	89
Papier und Pappe sortieren	15
Papierballschlacht	38
Papiere bemalen	96
Papier-Kaleidoskop	39
Papierklang & Pappgeräusch	20
Papier-Kokon	42
Papier-Mosaik	57
Papier-Schlemmereien	26
Papier-Teppich	69
Pappplaneten	52
Piraten-Schriftrolle	93
Prickelndes Lichtermeer	72
Riesen-Farbräder	114
Ringe werfen	109
Röhrendschungel	83
Röhrensalat	83
Röhren-Sammelsurium	17
Röhrenschwein & Pappkamel	30
Rund und eckig	77
Schatten-Objekte	58
Scherenschnitt-Collage	59
Schief gewickelt	42
Schnecke mit großem Haus	36
Schneegestöber	45
Schnipsel-Collage	46
Schnipselkette	75
Schnipselmatsch auf Wellpappe	24
Schnipsel-Teller	46
Schni-Schna-Schnecke	36
Seidenpapier-Mobile	39
Selbst geschöpftes Papier	86
Sonnensegel	51
Sorgenpüppchen	41
Stabpuppen	112
Steck-Experimente	76
Steckgewächse	78
Stecksäule für Flur & Garten	115
Streifencollage	52
Streifenkugeln	75
Tanzfiguren	41
Tier-Tagebuch	94
Transparente Kunst	55
Treppen-Wirrwarr	64
Tropfbatik-Papier	100
Unsere Stadt	84
Urwaldmode	123
Verpackungskünstler	116
Webbilder	67
Weiß auf schwarz	48
Wickeltiere	44
Windmühlen	30
Windspiel	64
Zauberkästen	65
Zweilochbindung	91
Zwillings-Origami	63

Literatur

Beutl, Petra: Fühl das Rot und sieh das Blau. Freiburg (Christophorus) 1998 + 1999.

Christo and Jeane-Claude. Köln (Taschen) 2001.

Christo und Jeane-Claude. Der Reichstag und urbane Projekte. München (Prestel) 1993/1994.

Fuchs-Waser, Angelika und Stefan Meier: Papier schöpfen und gestalten. Baden, Schweiz (AT) 1999.

Herzog, Marianne und Marielis Günzel: Lernhilfen für den Textilunterricht. Seelze (Kallmeyer'sche Verlagsbuchhandlung) 2/95.

Joiner, Nicole und Dagmar Rücker: Kunst-Schachtel. Kreative Ideen für Kinderhände. Band 1–6. Verlag Kempen (BVK) 2008 – 2010.

Kathke, Petra: Sinn und Eigensinn des Materials. Band 2. Weinheim, Basel, Berlin (Beltz) 2001.

Müller-Hiestand, Ursula: Papierwerkstatt. Mit Papier experimentieren, spielen und gestalten. Aarau, Schweiz (AT) 1999.

Nimschowski, Ilse: Kinderleichtes Origami. Schritt-für-Schritt-Anleitungen zum Papierfalten. München (Augustus) 2000.

Pablo Junior. Emsdetten (Fox Spielverlag).

Stöcklin-Meier, Susanne: Falten und Spielen. Intelligent durch geschickte Finger, mit Liedern, Versen und Spielideen. München (Kösel) 2007.

Wilhelm-Hack-Museum Ludwigshafen: Katalog „floating forms – abstract art now". Bielefeld (Kerber) 2006.

Zeitschrift Grundschule Kunst. Das kleine BUCH-MACH-BUCH. (Kallmeyer) Heft 28/2007.

Die Autorinnen

Nicole Joiner arbeitet als Dozentin an der Jugendkunstschule der Freien Kunstakademie Mannheim. Seit ihrer Ausbildung zur Erzieherin 1994 ist sie in verschiedenen Bereichen der Kunsterziehung für Kinder und Jugendliche tätig. Mit Dagmar Rücker gestaltet und leitet sie seit 1998 regelmäßig kunstpädagogische Kurse und Projekte für Kinder und Jugendliche. Sie lebt zusammen mit ihrem Mann und ihren beiden Söhnen in Mannheim.

Dagmar Rücker hat an der Freien Kunstakademie Mannheim Bildende Kunst studiert. Für ihre künstlerische Arbeit wurde sie mehrfach ausgezeichnet. Seit ihrem Studium gestaltet und leitet sie regelmäßig Kurse und Projekte für Kinder, Jugendliche und Erwachsene in verschiedenen Einrichtungen. Seit 2003 arbeitet sie zusätzlich in der Museumspädagogik. Sie lebt und arbeitet in Mannheim.

Gemeinsam haben die beiden Autorinnen bereits einige kunstpädagogische Arbeitshefte für den Kindergarten, Vor- und Grundschulbereich mit dem Schwerpunkt „freies kreatives Arbeiten" veröffentlicht.

Ökotopia Spiele- und Buchversand

Der Fachversand für umwelt- und spielpädagogische Materialien

Fordern Sie unser kostenloses Versandprogramm an:

Ökotopia Verlag
Hafenweg 26a · D-48155 Münster
Tel.: (02 51) 4 81 98 -0 · Fax: 4 81 98 -29
E-Mail: info@oekotopia-verlag.de
Homepage: http://www.oekotopia-verlag.de

R. Bestle-Körfer, A. Stollenwerk
Sinneswerkstatt Landart
Naturkunst für Kinder
Fantasievolle Spiele, Gestaltungsaktionen, Gedichte und Geschichten sowie spannende Sachinfos führen Kinder und PädagogInnen mitten in die Natur. Ausdrucksstarke vierfarbige Fotos zeigen die Natur aus ungewohnten Blickwinkeln und dokumentieren die Gestaltungsfreude und Ästhetik von Landart-Aktionen mit Kindern.
ISBN 978-3-86702-074-9

R. Bestle-Körfer, A. Stollenwerk
Sinneswerkstatt Farben der Natur
Kinder entdecken spielerisch die Farbenvielfalt der Natur
Zahlreiche Spiele und kreative Anregungen lassen die Farben der Natur in schöpferischen Aktionen lebendig werden. Gedichte, Geschichten und hilfreiche Sachinformationen ergänzen und vertiefen das Thema.
ISBN 978-3-86702-141-8

Vom Kritzelkratzel zur Farbexplosion
Kindliche Mal- und Gestaltungsfreude verstehen und fördern – mit zahlreichen praktischen Anregungen von 2 bis 10 Jahren
ISBN 978-3-936286-42-7

Kritzeln-Schnipseln-Klecksen
Erste Erfahrungen mit Farbe, Schere und Papier und lustige Ideen zum Basteln mit Kindern ab 2 Jahren in Spielgruppen, Kindergärten und zu Hause
ISBN 978-3-925169-96-0

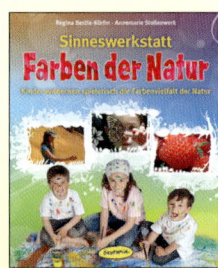

Inseln der Entspannung
Kinder kommen zur Ruhe mit 77 phantasievollen Entspannungsspielen
ISBN 978-3-931902-18-6

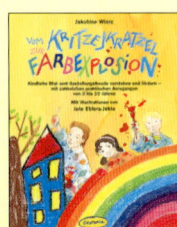

Eltern-Turnen mit den Kleinsten
Anleitungen und Anregungen zur Bewegungsförderung mit Kindern von 1- 4 Jahren
ISBN 978-3-925169-89-2

Wi-Wa-Wunderkiste
Mit dem Rollreifen auf den Krabbelberg – Spiel- und Bewegungsanimation für Kinder ab einem Jahr Mit einfachen Materialien zum Selberbauen
ISBN 978-3-925169-85-4

Feuerwerk & Funkentanz
Zündende Ideen: Spiele, Lieder und Tänze, Experimente, Geschichten und Bräuche rund ums Thema Feuer
ISBN (Buch) 978-3-931902-85-8
ISBN (CD) 978-3-931902-86-5

Knallbunt im Formenrausch
Kinder malen, sprayen, reißen, zeichnen, drucken und gestalten wie farbenfrohe Künstler
ISBN 978-3-86702-041-1

Große Kunst in Kinderhand
Farben und Formen großer Meister spielerisch mit allen Sinnen erleben
ISBN 978-3-931902-56-8

Mit Pinsel, Farbe, Schere und Papier
Pfiffige Sachen basteln zum Spielen, Staunen und Bewegen mit Kindern ab 2 Jahren
ISBN 978-3-86702-105-0